AF607744

EL PODER DE LAS VELAS

ROBERT WALL NEWHOUSE

EL PODER DE LAS VELAS

ROBERT WALL NEWHOUSE

ARCANA

EL PODER LAS VELAS

Ilustración y diseño portada: Daniel Jurado

Edita: Olmak Trade S.L.
C/ Roca Plana 1
08110 - Montcada i Reixac
Barcelona (España)

www.olmaktrade.com
info@olmaktrade.com

Impreso en España / Printed in Spain

I.S.B.N: 978-84-16827-65-7
Depósito Legal: B 23301-2024

A Juli y Ana,
dos velas consumidas del sendero

Introducción

Cuando empecé a experimentar con las velas jamás imaginé que su luminosidad alumbraría mi camino de la manera que lo ha hecho.

Las cosas se suceden una detrás de otra sin un orden aparente. Las circunstancias parecen ser las dueñas de la situación. Cada paso que damos hacia adelante puede ser una promesa de esperanza o una amenaza desesperanzadora. De cualquier manera, cada paso que damos es un paso hacia lo desconocido, hacia las sombras de un futuro incierto, de un tiempo que está por venir y del cual no sabemos apenas nada.

La vida (moderna o antigua) nos ha llevado a tener más inclinaciones que deseos, más imitaciones que verdaderas ganas de realizarnos personalmente.

Cada deseo verdadero es como una vela que encendemos a lo largo de ese camino en penumbras que hemos de recorrer, y la luz de esas velas arquetípicas es lo que le da fuerza y sentido a la vida, y sobre todo a nuestra propia existencia.

Los principios que sustentan el sentido de la iluminación son precisamente la luz y la oscuridad. Una no puede lucir sin la otra, el contraste se hace, necesario para que comprendamos, para que tengamos una visión del camino.

Si todo estuviera a oscuras, el sendero de la existencia sería invisible. Si todo estuviera iluminado, sin contrastes de sombras y oscuridad, el sendero también permanecería escondido.

Es necesario, por tanto, que nuestro camino esté formado de luces y sombras, de iluminación y penumbras. Las luces y las sombras están ahí permanentemente, lo que pasa es que la luz final, la que todos buscamos, se encuentra más allá del claroscuro, más allá de las penumbras, más allá de la total oscuridad, y a nosotros nos corresponde ir encendiendo velas para iluminar el camino que nos lleve a la luz final.

Si, efectivamente, todo son analogías, puntos y referencias comunes que nos hablan de algo difícil de definir con palabras. Un ritual no es más que una catarsis que nos permite expresar los sentimientos, las sensaciones, la espiritualidad y todos esos conceptos que llevamos dentro, pero que nos es difícil manifestar de una forma clara y congruente.

Las velas por un lado, como referencia de nuestro, descubrimiento del fuego y de nuestro sentido ocular. Y el ritual como una manera de expresar lo que llevamos dentro.

El sentido de la vista es relativamente nuevo entre los mamíferos. Antes de que los mamíferos desarrollaran los nervios ópticos fotosensibles, el sentido más agudo era el olfato. Con el olfato se percibían todas las cosas que ahora percibimos con la vista, con lo que la visión se ha convertido en lo más profundo de nuestro ser, en todo un símbolo de evolución física y espiritual.

Si el día de mañana desarrollamos un sexto sentido que nos permita "ver" más allá de lo que vemos actualmente, nos encontraríamos frente a una revolución total de nuestra idea de percibir. A partir de ese momento, el nuevo sentido nos abriría nuevas puertas, nuevos mundos, nuevas sensaciones que ahora nos llegan tímidamente a través de los sentidos convencionales.

A partir de entonces también cambiarían nuestros rituales y nuestras analogías, nuestro sentido de la realidad y el espíritu, de la iluminación y las sombras.

De momento, y aceptando que es necesario que haya sombras para que pueda haber luz, nuestros rituales se basan en la idea de la iluminación y la clarividencia.

Los diferentes rituales con velas que veremos a lo largo de este libro van en este sentido, tratando de iluminar nuestro sendero vital, existencial y espiritual, para alcanzar esa analógica luz final que representa nuestras aspiraciones internas y externas.

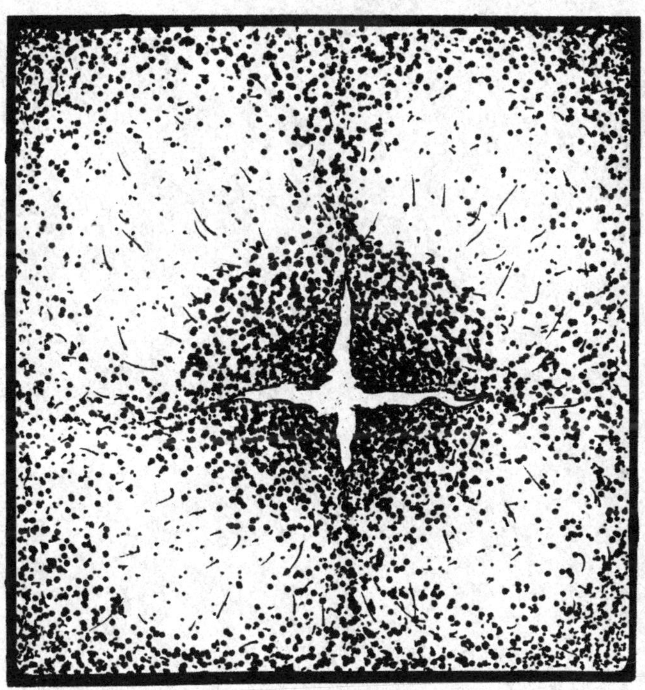

El sendero de la luz

Desde que los primeros animales, entre ellos los mamíferos, desarrollaron el sentido de la vista, la luz se convirtió en un elemento importante para la supervivencia.

Las aptitudes de los seres vivos evolucionaron gracias a la vista, los cerebros se fueron haciendo más grandes y pronto aparecieron los grandes monos que darían lugar a los seres humanos primitivos.

Los primeros seres humanos dieron su primer gran paso en la evolución personal al descubrir el fuego. Desde entonces el fuego forma parte de nuestras vidas.

Para nuestros antiguos predecesores el fuego era algo más que una simple llama o que una simple herramienta. El fuego representaba algo desconocido, algo terrible, algo mágico.

Tener el dominio del fuego era como tener al sol y la luna, las grandes luminarias, al alcance. Las "velas" del cielo, las lejanas estrellas, también eran fuegos nocturnos que iluminaban el firmamento.

Las primeras teas y los primeros carbones fueron también las primeras velas de la humanidad, fuegos vivientes capaces de hacer la magia de descubrir el camino que llevaba hasta el hogar de la tribu por la noche.

Pero eso no es todo, el fuego de las antorchas y las fogatas tenía un poder especial para los hombres: les hacía experimentar sensaciones físicas, mentales y espirituales. De una u otra forma el hombre poco a poco se fue identificando con las llamas del fuego. Era como si en esas llamas hubiera algo personal, propio: el calor del corazón, la calidez de las caricias, la reconfortante tibieza de la tranquilidad y la satisfacción.

La pasión, la ira y la lucha también quemaban como el fuego, las heridas ardían.

El espíritu, la inspiración, la creatividad y las ideas también se encendían como el fuego dentro de la persona.

El símil y la analogía estaban servidos. Entre el fuego y el hombre se creó una correspondencia que no tardó en propagarse hasta el sol: ningún fuego era tan potente como para alumbrar y dar calor a la tierra entera.

De esta manera, los pequeños duendes y lares del fuego se doblegaron al potente fuego del sol, dando lugar a la mitología, a la deidificación.

Entre todas las culturas humanas el sol ha recibido la categoría de dios imprescindible para la vida. Encender una fogata en la noche ya no era un simple acto de procurarse calor, sino un bálsamo que tranquilizaba el alma y que prometía que al día siguiente volvería a brillar el sol.

Los días nublados y los eclipses se volvieron seres malditos. La noche oscura se convirtió en un símbolo del mal. La luna fue tomada como un sol nocturno, como otra deidad, y lo mismo sucedió con todas las luces que poblaban el firmamento nocturno.

Tanto las luces naturales (rayos, incendios, erupciones volcánicas, sol, luna, estrellas), como las creadas por el hombre a partir del fuego, echaron profundas raíces en el pensamiento mágico y religioso.

Las primeras teas y velas de betún pasaron a formar parte de los templos y las tiendas de sacerdotes y brujos.

Por supuesto, las velas y las luces artificiales siguieron un camino práctico y ornamental paralelo al mágico y religioso. A nadie le es ajeno que desde las antorchas y las fogatas, hasta las estufas y la luz eléctrica, el hombre ha venido usando el fuego y sus sucedáneos a través del tiempo.

Desde el ritual mágico y religioso, hasta la iluminación ciudadana, pasando por el arte, de cocinar y fabricar con el fuego, el ser humano se ha mantenido sujeto al fuego.

Nuestros arquetipos y analogías con respecto al fuego son infinitas, pero quizás a la que le damos más importancia es a la iluminación, y no importa que sea física, mental o espiritual,

porque buena parte de nuestras aspiraciones van relacionadas con este término.

Ya no somos seres primitivos que desconozcamos el origen del fuego, pero nos seguimos sintiendo encantados ante el rítmico baile de las llamas en la chimenea. Seguimos deseosos de encender luces, tanto para leer un libro como para iluminar nuestros senderos espirituales, porque seguimos deseosos de evolucionar interior y exteriormente.

Por todo ello, encender una vela significa algo más que dar un poco de luz a nuestra oscuridad personal, encender una vela es todo un ritual que nos acerca a los dioses.

No cabe duda que a pesar de todo, todos los seres humanos, desde el más recto hasta el más pusilánime, llevamos una luz interior que desea manifestarse de una u otra forma. Todos somos velas andantes, encendidas o sin encender, que intentamos seguir el sendero de la luz por nuestros propios medios y con nuestro propio estilo.

La magia del fuego

El fuego y la luz representan la calma y el bienestar, pero también representan la destrucción y la transformación a través del ígneo elemento.

Cada ser humano alberga en sí las condiciones del fuego, sólo hace falta que alguien o algo encienda su luz para que se manifieste.

Así mismo las cosas y los eventos que rodean nuestra existencia tienen su parte de fuego interno que espera ser encendido para manifestarse.

En cierta forma, todo lo que vemos y deseamos, incluyéndonos nosotros mismos, está vinculado a y por el fuego. La luz y el fuego nos hermanan, nos enlazan. El poder del fuego está en nosotros, sólo hay que encenderlo.

Las herramientas de que se vale el hombre para construir su entorno tienen doble filo. Si son bien usadas los resultados serán positivos, pero si son mal usadas, lógicamente, los resultados serán negativos. El fuego, con todas sus analogías y correspondencias, no es más que una de tantas herramientas que utiliza el hombre. Su buen uso nos reportará bien, pero su mal uso sólo nos traerá contrariedades.

El fuego puede utilizarse tanto en un sentido práctico como en un sentido mágico.

La magia, como ya he dicho en muchos de mis libros, es la capacidad del hombre de transformar su realidad a voluntad. El mago es aquel que domina los eventos y las materias, no el ser pusilánime y supersticioso que está expuesto a la ira de los elementos.

Utilizar el fuego y las velas en un sentido mágico implica el conocimiento y dominio de los elementos que los componen, y nada tiene que ver con la fatalidad y el destino que tiene designado el hombre.

La magia es evolución, búsqueda, creación; no involución, conformismo e irresponsabilidad. La magia no es un campo de esterilidad donde se esperan milagros. La magia es precisamente la capacidad de transformar la fatalidad en un nuevo camino, en un nuevo conocimiento. En la magia no hay maestros de los que dependan una serie de alumnos torpes y asustadizos. En la magia sólo hay encendedores de velas encargados de llevar una flama aquí y una flama allá.

La magia y sus rituales son una responsabilidad personal, no una dependencia divina. En la magia no hay jerarquías delimitadoras y castrantes, porque las posibilidades de la magia son ilimitadas. Tampoco hay magos más poderosos que otros, ni puede haber competencias ni enfrentamientos entre verdaderos magos, porque la llama de una vela no es más poderosa que otra, sino simplemente distinta.

La esencia del fuego es la misma en todos los casos y su aspecto más brillante o más intenso sólo sirve para realizar correspondencias entre nuestros valores humanos.

Con todo ello quiero decir simplemente que la magia del fuego y de las velas no tiene más bondad, maldad o poder que el que pueda darle cada persona desde sus personales puntos de vista.

No debemos olvidar que cada ser humano vive una realidad personal, única e intransferible, en donde todos los demás, incluidos el espíritu, la mente y la materia, no somos más que comparsas.

Nuestra realidad empieza y acaba con nosotros mismos, sin importar si hemos dedicado la vida al bien o al mal, al progreso o al retroceso, a la responsabilidad integral de nuestros actos físicos, mentales y espirituales, o a la irresponsabilidad de los mismos. El hecho es que nadie puede ver por nuestros ojos ni sentir por nuestra alma. Comprender este simple hecho es dar el primer paso en el mundo de la magia; encender esta primera vela nos abre la puerta del dominio del fuego.

Podemos engañar a los demás, pero no podemos engañarnos a nosotros mismos por más que lo intentemos o que pretendamos justificar nuestros actos, porque nosotros somos los verdaderos artífices de nuestra realidad. Podemos culpar a los dioses, al fuego o al sol, pero interiormente sabemos que no hay más ayuda milagrosa que la que nos procuramos nosotros mismos. A menudo delegamos nuestras responsabilidades en magos, jerarcas y sacerdotes, con la esperanza de que nos solucionen la vida, para tener alguien o algo en quien confiar y a quien echarle la culpa cuando las cosas nos salen mal, pero en el fondo sabemos que los únicos responsables de todo lo que nos pasa somos exclusivamente nosotros.

Nuestros actos pueden ser positivos o negativos, pero todos ellos responden a una necesidad personal, a un engrandecimiento o detrimento interno. Todo lo hacemos porque sale de nosotros, por interés y por egoísmo. Incluso cuando no sabemos decir que no y nos dejamos dominar por las personas o las situaciones, lo hacemos pensando exclusivamente en nosotros. Es más, hasta el acto de mayor amor, entrega y sacrificio no es más que un alimento personal, porque de todo lo que hacemos y dejamos de hacer los protagonistas somos nosotros mismos, no hay nada ni nadie más que nosotros en el universo, porque todo lo que vemos y sentimos parte de nuestro interior y vuelve a nosotros mismos.

Con la magia de las velas (y con la magia en general) sucede lo mismo, cada uno de nosotros es el protagonista personal de todo lo que sucede a nuestro alrededor, desde el acto de coger la vela hasta el momento de encenderla. Todo sucede por nosotros y para nosotros. El mundo sigue, es cierto, pero de nada nos sirve si no estamos presentes para verlo, para sentirlo, para escucharlo.

Este es el poder de la magia: ser conscientes de nuestro propio ser, de nuestra propia luminosidad, de nuestro propio centro en el universo.

Uno mismo es dios, uno mismo es fuego, uno mismo, es vela, porque uno mismo es todo lo que sentimos y lo que nos rodea.

Magia blanca, magia negra

El sendero de la luz debe pasar forzosamente por los abismos de donde brota el fuego. Prometeo fue encadenado y condenado a perpetuidad por haber dado el fuego a los hombres. Tlaloc era un dios salvador, entre otras cosas porque tenía el poder de apagar el fuego. Todo esto viene a cuento por las relaciones y analogías que el hombre ha hecho a través del tiempo sobre el fuego y su uso.

Por supuesto, y como en la mayoría de los casos, cada elemento, concepto o cosa que ha llegado a las manos de los hombres ha sido catalogado como bueno o como malo dependiendo de las circunstancias que lo han rodeado.

El fuego, las velas, las antorchas, el rayo, etc., también tienen sus aspectos negativos y positivos desde el punto de vista de los hombres. Sus colores, orígenes, utilidad o procedencia dan lugar a toda serie de interpretaciones.

El bien y el mal, así como el placer y el dolor, forman parte del universo antagónico de los conceptos.

Poncio Pilatos le preguntó a Cristo: ¿Qué es la verdad?", y Cristo no le respondió: "La verdad soy yo".

¿Qué es la verdad? ¿Qué es el bien y qué es el mal? No se puede responder a estas preguntas con determinismo y seguridad plena. Todos los actos de los hombres son lo suficientemente sincréticos y confusos como para determinar su bondad o maldad a ultranza.

Cínico dijo que la humanidad no era ni blanca ni negra, ni buena ni mala (como sostenía Parménides), sino gris, mediocre y tibia. Por extensión, tanto los actos como los conceptos de los hombres son grises, mediatizados y tibios.

Lo que es bueno y provechoso para unos, puede ser perfectamente nocivo y desventajoso para los otros. La riqueza de un solo hombre se debe a la pobreza de muchos otros. La sabiduría del maestro radica en la ignorancia de los alumnos. La bondad de unos contrasta gracias a la maldad de otros. El poder de los grandes se basa en la sumisión de los débiles. Un solo enfermo contagioso puede acabar con la comunidad. Un acto de la naturaleza podría acabar con todos los sueños de los hombres. El mismo hombre, cuando monta en cólera, es capaz de destruir la cultura, la evolución y el proceso de progreso en que se encuentra inmerso.

Sin embargo, después de la muerte puede venir la resurrección, de la misma manera que después de la destrucción puede venir la nueva vida. Todo tiene un punto de relatividad difícil de evitar. Es obvio que nada se puede defender como la panacea universal del bien o el mal. Sólo la obsesión o el fanatismo son capaces de crear un pensamiento rectilíneo y uniforme con una creencia única que se toma como la verdad de todas las verdades.

La magia, como un producto más del hombre, cae en las mismas tentaciones y recibe las mismas etiquetas.

La magia, por blanca que sea, no deja de ser un atentado contra el orden y el sentido religioso de muchas instituciones. No importa lo sanas y buenas que sean las intenciones, la magia en sí misma puede representar toda una blasfemia a pesar de ser tan blanca como la nieve y tan transparente como el cristal.

La magia negra, aquella que persigue el mal ajeno en beneficio propio, es aún más reprobable, pero sigue siendo magia y tiene a su favor la manifestación de que el hombre posee la capacidad de cambiar su destino manipulando los elementos físicos, intelectuales y espirituales.

Es más, entre ambas magias hay un sutil velo demasiado fácil de cruzar con un denominador común: el beneficio propio. Un beneficio propio que no siempre garantiza el beneficio de los demás simplemente porque el bien no tiene la misma cara para todos.

Incluso cuando utilizamos la magia para curar a un familiar o para beneficiar a un amigo, desconocemos los vínculos que hemos roto para lograrlo y no sabemos si con ello perjudicamos a terceras personas. Tampoco sabemos si esa curación o ese beneficio que otorgamos a través de la magia es realmente deseado por la persona, o si estamos inmiscuyéndonos en su destino y, al prolongarle la vida o los beneficios, sólo le estamos perjudicando gravemente.

La magia blanca y loable, tanto como la magia negra y despreciable, van más allá de la simple superstición porque son todo un acto de responsabilidad para la persona que las realiza.

El mago debe ser consciente de que todo lo que hace va a recaer en sus espaldas y su alma, sin importar si es bueno o malo lo que ha hecho, porque él es el único responsable de lo que hace con la realidad que vive y transforma día a día.

Todos somos responsables de nuestros actos particulares, pero el mago tiene además la responsabilidad de los actos que hace en relación con otros elementos y otras gentes ajenas a él.

Por supuesto, el sentido común y nuestros arquetipos nos aconsejan que es mejor utilizar la magia blanca, ya que sus cargas serán menores que en el caso de utilizar la magia negra, pero no vayamos hacia ninguna de ellas con los ojos vendados, en ambas se obtiene el poder conjuntamente con las responsabilidades. El poder puede acabarse o terminar fallando, pero las responsabilidades seguirán ahí para pasarnos la factura de nuestras intromisiones en la marcha ordenada o caótica del destino. Como dirían los hindúes: el utilizar la magia para cambiar el curso de los acontecimientos es perfectamente válido, pero puede ser tremendamente gravoso para nuestro karma, es decir, para las obligaciones que establecemos con nosotros mismos en materia, mente y espíritu dentro del espacio de tiempo y sobre el mundo que nos ha tocado vivir.

Por tanto, que nadie vaya engañado en el momento de utilizar los consejos de un libro de brujería, magia o rituales con velas: su uso es una responsabilidad más para el operador y no una liberación ni una exultación de los poderes que todos llevamos dentro. La magia es responsabilidad y así es como debemos acercarnos a ella: conscientes de lo que vamos a hacer y de las consecuencias positivas y negativas que puede acarrearnos.

No es cuestión de tener miedo a nuestros actos, porque todo lo que hacemos lleva el mismo grado de responsabilidad y reflejo que conlleva la magia (a donde lanzamos la piedra se forman las ondas cuya vibración, tarde o temprano, terminará alcanzándonos), se trata simplemente de abrir los ojos y de mirar bien por dónde pisamos al recorrer el sendero.

Yo mismo, al escribir el capítulo presente, no estoy haciendo otra cosa que intentar encender unas cuantas velas, los lectores, antes de iniciar los capítulos referentes a los diferentes rituales que se pueden hacer con éstas.

¿Cómo funcionan la velas?

Dentro del campo de la magia existe un funcionamiento de interrelación entre los elementos que conforman el universo y los seres que lo habitan.

En la magia se tira de un hilo sutil capaz de mover sus similares a distancia, ya sea por analogía o por correspondencia.

En el caso de las velas se tira del hilo sutil de la luz, de la iluminación, del fuego espiritual que consume a la materia obstructora, transformándola en algo más etéreo: humos, cenizas, cera líquida, etc., porque todo trabajo mágico con fuego conlleva el signo de la transformación, del renacer.

De esta manera, al encender una vela común y corriente, estamos dando luz a un área física, mental y espiritual.

Ninguno de los actos humanos son estériles, ningún ejercicio es inútil, porque cada acto provoca una reacción. Encender una vela es un acto más que provoca sus propias reacciones a distintos niveles.

En la antigüedad se encendían velas para ahuyentar las tinieblas de la noche, espantar a los demonios, atraer a los dioses, orientar a los muertos e iluminar a los vivos. Hoy en día las velas sirven prácticamente para lo mismo y son capaces de producir los mismos efectos.

El fuego indómito que quema y destruye todo a su paso es domesticado a través de las velas. Y cuando está bajo nuestro dominio se convierte en un aliado más.

El fuego, por si fuera poco, es el principio de todas las cosas en el universo. Tanto los científicos actuales como los brujos y sacerdotes de la más remota antigüedad, han señalado el principio del universo después del Big Bang, la gran explosión fogosa que liberó los gases que darían lugar a la materia de las estrellas y los planetas.

Nuestro propio sol, esa inmensa bola de fuego que da luz y vida al planeta Tierra, tuvo que estallar para dar forma al sistema planetario solar.

También la tierra no fue más que una pequeña bola de fuego en un principio. Las entrañas de la tierra siguen siendo materia ígnea en nuestros días.

El fuego, por tanto, es el primero de los elementos, el más poderoso en nuestro pensamiento mágico y religioso, el utensilio mágico más productivo, enérgico y vital. Tirar de él nos comunica con todo, porque todo, como la tierra misma, sigue albergando fuego en sus entrañas.

La magia de las velas es poderosa en este sentido y tiene una gran capacidad de influencia sobre todo lo que nos rodea. Este es su funcionamiento, porque el encender una vela es como crear un nuevo universo, es como crear nuevos mundos, es como dar vida a las ideas y conformar los renacimientos. Esta fuerza simbólica le permite ser eficaz y operativa.

¿Qué es el ritual?

El ritual es simplemente esa serie de actos que preceden, acompañan o se realizan después del encendido de la vela. Este ritual puede estar acompañado de diferentes elementos, herramientas, rezos, altares o figuras.

Las tijeras, la sal, el incienso, los símbolos de los planetas; las vestimentas, los colores de las velas; la orientación, el día, la hora; la intención, los deseos, la inclinación o implicación religiosa; los pasos, los movimiento, las respiraciones, la meditación; la emocionalidad, la espiritualidad; la entrega, la creencia, la aplicación, etc., forman parte de los rituales que podemos observar alrededor del mundo con respecto a la magia en general y al encendido de velas en particular.

Cuando una persona va a la iglesia y le enciende una vela a San Pancracio para encontrar trabajo, realiza todo un ritual que consiste en el desplazamiento hasta la iglesia, la devoción religiosa, el paso recogido, el hincar la rodilla ante el altar, el encender respetuosamente la vela, los rezos y las oraciones, el pedir el deseo al santo y el retirarse con la esperanza de que dentro de poco su deseo se verá cumplido por intermediación milagrosa del santo.

Cuando una persona cumple años y sopla las velas de su pastel, está realizando todo un ritual mágico: otro enciende las velas, se apagan las luces, se muestra el pastel con toda su luminosidad en la oscuridad, el grupo canta, se pide el deseo en secreto, se soplan la velas hasta que no quede ni una sola encendida y se hace la luz de nuevo, simbolizando el renacimiento y la fuerza esperanzadora de que el deseo pedido se va a cumplir.

El ritual es simplemente realizar una serie de actos que acompañen al encendido de las velas, y su misión es la de representar consciente o simbólicamente la dirección en que irán nuestros deseos tras encender la vela.

El ritual consciente, ése que hacemos recreándonos en él, sirve para dar solidez y ceremonia a nuestros actos. Este tipo de rituales pueden ser como, los que realizan los sacerdotes católicos, rituales tradicionales y aprendidos, pero conscientes en cada uno de sus pasos, con un sentido específico para quien los realiza.

Muchos de nuestros actos son completamente formales y ritualísticos, aunque a menudo no somos conscientes de ello. Cuando festejamos un cumpleaños poco o nada pensamos en que estamos realizando un ritual mágico, tampoco lo hacemos cuando enterramos a alguien, a pesar de que este tipo de actos son más susceptibles de llevamos a la reflexión.

Ser consciente de un ritual no es imprescindible, pero puede ayudar. El mismo ritual tampoco es imprescindible, sobre todo si es un ritual complicado y pleno de parafernalia, entre otras cosas, porque el simple hecho de encender una vela con una intención determinada ya conlleva un ritual en sí mismo.

Los rituales, como la mayoría de los actos humanos, cambian según la cultura e idiosincrasia de los pueblos. Durante siglos, ningún ritual mágico o religioso se podía realizar sin una serie de prerrequisitos como, la pureza, la castidad, el ayuno y la supuesta santidad o probidad exigible para acometer dichos actos.

En Oriente primero y en Europa después, la castidad, la entrega religiosa o espiritual y la limpieza corporal eran indispensables para realizar ritos mágicos o religiosos.

La brujería, menos exigente y más popular, fue tildada de negra y mala precisamente porque entre sus ritos no se exigía la frugalidad y la castidad, sino todo lo contrario.

Con el tiempo, las mezclas culturales y los sincretismos que éstas comportan, la magia y la brujería se han ido fundiendo y confundiendo, lo mismo que los ritos.

Ya no es necesario pasar tres días de ayuno para invocar a los ángeles o a los demonios, ya no hace falta vestirse de blanco con fibras naturales para pedir milagros a los dioses. La castidad y la frugalidad han quedado instaladas en las religiones oficiales y en algunas sectas, mientras que la mayoría de la gente realiza sus actos mágicos y religiosos sin una preparación previa.

En el Brasil el sincretismo ha llegado lo suficientemente lejos como para que los fieles de un santón sean capaces de pedir la más cruel de las muertes a sus enemigos a través de la mediación de una figura tradicionalmente misericordiosa como es la de Jesucristo.

En algunos países los rituales han ganado en tipismo y colorido, en fanatismo y espectacularidad, mientras que en otros se han ido simplificando.

De una u otra manera, con suntuosos o esperpénticos ritos, la magia funciona en todas las latitudes.

Hay pueblos más escépticos que otros, pero no se puede decir que un solo país de este mundo carezca de pensamiento mágico y religioso. Los pueblos más escépticos y racionales son precisamente los que más frugalidad y santidad exigen en sus ritos mágicos y religiosos, mientras que en los países más creyentes los rituales pueden ser completamente eróticos y llenos de excesos, o bien, como sucede en la mayoría de los pueblos, los ritos mágicos se realizan con los mínimos requeridos para darle cierta "credibilidad" al asunto.

Es más, la mayoría de los actos mágicos se realizan prácticamente sin ritual alguno, y aunque el ritual ayuda, tampoco hace necesariamente falta. Eso sí, mientras más escéptica o fanática sea la gente, el ritual será más vivo y necesario, porque el ritual, más que la magia, se convertirá en un acto tradicional y grupal que identificará a los seguidores de tal o cual magia, de tal o cual religión.

Esto tiene una explicación sencilla: las personas, más densas necesitan de la pureza para poder "flotar", mientras que las personas más volátiles necesitan de los excesos para no "flotar" tanto.

A los primeros hay que incentivarles el sentido mágico y religioso; a los segundos lo más conveniente es refrenar su exagerado gusto por las "facilidades" que ofrece el más allá.

En este libro, y después de las experiencias obtenidas en uno anterior, los rituales indicados para encender velas con un fin mágico serán muy sencillos. Además, para recorrer el sendero de la magia no hace falta llevar disfraz.

Ángeles y demonios

Cuando se accede a un libro de magia o de ciencias ocultas, la gente suele sentir un temor irracional acompañado de curiosidad. Algunos dicen que es simplemente respeto por lo desconocido, pero otros reconocen abiertamente su miedo ante lo irracional de la materia, y ante las posibilidades de que un libro o una práctica como ésta les pueda llevar de verdad a un terreno sobrenatural.

Lo desconocido siempre ha atemorizado a los seres humanos, y a este respecto existe un gran culto a la oscuridad, el secretismo y la ignorancia.

Y no sólo es que a los magos y brujos les interese mantener a buen recaudo sus prácticas, porque resulta que a los legos parece encantarles el hecho de que la magia pueda ser algo pavoroso, algo capaz de hacerles vibrar aunque sea a través del miedo, el pánico y el sufrimiento.

Cada quien oye lo que quiere oír y cada quien interpreta de un texto lo que le interesa interpretar.

Por ejemplo, de poco servirá que yo intente clarificar al máximo todo lo que se refiere a la magia con las velas, porque cada quien querrá extraer de este libro lo que más le interesa o lo que más le conviene (pero ello no debe detenerme en mi intento de seguir "encendiendo velas").

Una de las cosas que aviva el temor del acercamiento a la magia es la probabilidad de encontrarse con cosas, situaciones y seres difíciles o imposibles de dominar. Este temor no responde a otra cosa que al mismo temor que tiene el ser humano de no saber dominar sus propios fantasmas interiores, fantasmas que

se convierten con facilidad en los demonios o seres elementales que se encuentran al otro lado de la cortina de la racionalidad y la realidad.

Los demonios, por sí mismos, no tienen ningún poder ni ninguna capacidad. Pero en nuestras manos pueden convertirse en armas de doble filo. La representación que hemos hecho del mal a lo largo de la historia humana, no es otra cosa que la magnificación de los temores, ansiedades, debilidades, limitaciones e impotencia que han acompañado a los hombres a lo largo del tiempo. A este mal se le ha llamado de mil maneras y se le ha representado de mil formas. En nuestra cultura le llamamos diablo o Satanás, lo pintamos con cola y cuernos, le hacemos vivir en el fuego destructor del infierno y lo culpamos de todos nuestros errores y equivocaciones, sobre todo de los más graves. Los demonios vienen a ser algo así como sus acólitos, es decir, nuestros pequeños temores.

Pero ni el diablo ni sus pequeños demonios tienen la culpa de nada, son simples instrumentos de nuestra propia incapacidad, un reflejo de lo que no nos gusta de nosotros mismos.

El trabajo de la magia consiste, entre otros muchos aspectos, en llegar a dominar estos demonios que, como el fuego, cuando logramos dominarlos se convierten en nuestros aliados, en nuestros sirvientes.

El más humilde de los magos lo sabe: los demonios están a nuestro servicio, no en contra nuestra y sólo a nosotros corresponde darles o quitarles importancia y poder.

El mago avanzado no recurre a los demonios, simplemente porque al haber superado sus propios temores ya no tiene demonios ni fantasmas que exorcizar.

Lo mismo sucede con los ángeles y los dioses: están a nuestro servicio, y si sentimos que les debemos pleitesía es simplemente porque representan los valores más elevados de que somos capaces: el bien, la bondad, el dominio de las cosas, el triunfo, la evolución, la jerarquía, la promesa de una existencia más allá de esta vida.

En muchos libros de magia encontramos fórmulas y rituales para invocar a los ángeles y a los demonios, recetas para dominarlos y ponerlos a nuestro servicio, círculos y símbolos para protegernos de ellos.

Pero nada de ello es necesario realmente, sólo forma parte del ritual, de la parafernalia, y sirve principalmente para que la gente poco instruida en los secretos de la magia tenga miedo y no se atreva a ir mas allá de lo "permitido", al fin y al cabo, como ya he dicho antes, parece que hay mucha gente a la que le gusta sentir miedo.

El miedo: el único alimento de las sombras

Recalco el aspecto del miedo a los ángeles y demonios porque el miedo es precisamente el único alimento de las sombras. Nadie debería tener miedo a un acto tan antiguo como la humanidad misma: la magia.

El sentido mágico y religioso nos acompaña desde el principio de los tiempos. Muchos de nuestros actos cotidianos son mágicos y religiosos y no por ello dejamos de ejecutarlos. Lo que pasa es que los grandes rituales y la hegemonía de la magia y la religión ha quedado en manos de unos pocos.

Es lógico que no todos los seres humanos se dediquen a la misma cosa. No todos somos doctores, ni todos somos abogados, ni todos somos obreros, hay de todo en la viña del señor. Por tanto, no es nada extraño que unos cuantos seres humanos hayan dedicado su vida a la magia o a la religión, de la misma manera que otros la han dedicado a pintar o a construir casas.

Todos tenemos una serie de capacidades que nos permiten acceder al mundo profesional, en cualquiera de sus ramas, pero siempre terminamos inclinándonos por una u otra especialidad.

Los que desean dedicarse a la magia o a la religión dejan de lado otras profesiones, otras labores. Por eso es perfectamente válido que en cada grupo humano exista una persona que se dedique exclusivamente a la magia, de la misma manera que es perfectamente válido que un grupo de personas recurra al mago o a la bruja, de la misma manera que se recurre al dentista o el psicólogo.

Pero no se debe recurrir a ningún profesional desde la base del miedo y la ignorancia. No se debe ir con miedo e ignorancia al dentista, y tampoco se debe acudir al mago de turno bajo la perspectiva del temor y la fatalidad.

Los enfermos deben visitar al doctor, pero para tomar una aspirina no hace falta una visita facultativa (a menos que se sea alérgico al ácido acetilsalicílico), de la misma forma que para encender una vela y pedir un deseo no hace falta visitar al mago.

Cada uno de nosotros puede utilizar la magia y la medicina en su punto justo, sin arriesgar demasiado y sin autorrecetarse indiscriminadamente. Ya sabemos que todo exceso conlleva un peligro, pero no vamos a vivir eternamente atemorizados por las cosas que desconocemos o que no sabemos dominar en toda su extensión. En suma, no se puede ni se debe vivir con miedo en ningún aspecto de la vida.

El miedo crea confusión, desequilibrio y caos. Con miedo no se puede encender una vela, porque lejos de alumbrar nuestro camino, la llama del miedo oscurecerá nuestro sendero.

Ya sé que a los grupos religiosos, partidistas y sectarios, o a las instituciones sociales proselitistas (verdaderos lobos con piel de corderos) les encanta jugar con el secretismo, la ignorancia y el miedo de la gente, porque de esta manera los fieles: y los seguidores son más rentables y más fáciles de manipular, y que posiblemente algún lector forme parte de ellos y vea con sorpresa lo que estoy diciendo, indeciso entre creerme o no creerme.

Yo no soy ningún maestro, tampoco soy un guía capaz de solucionar todos los problemas ajenos, sólo soy, como repitió Alice Bailey, una persona que intenta llevar un poco de luz a la mayor cantidad de personas posible, y una de las pequeñas flamas que puedo ofrecer es precisamente este mensaje: no se debe tener miedo de nada, lo que pasará en el más allá o en el mundo espiritual pasará de todos modos, independientemente de nuestras creencias religiosas o científicas.

El primer paso

El primer paso del ritual de las velas es, por tanto, el encender esa vela interior que todos llevamos dentro, ver esa llama interior capaz de guiarnos en la noche más oscura y de dar sentido a nuestra vida en este mundo y a nuestra existencia en el mundo por venir.

La salvación no es una promesa, la salvación es un hecho para todos los seres vivos, para todos los objetos inanimados y para todo el universo.

No hay que esperar ser mejores el día de mañana porque experimentemos con las velas. Tampoco hay que esperar ser más poderosos que los demás. No hay que soñar con la ambición y el orgullo. Tampoco hay que esperar que se nos llenen los bolsillos de oro.

Lo único que hay que esperar después de experimentar con las velas, es tener una certeza más de que las cosas no acaban aquí, que nuestra existencia tiene un sentido y un significado que nos trasciende, que existen más mundos y realidades de las que percibimos normalmente, que hay más dimensiones y maneras de sentir y de existir, que los límites a los que estamos sujetos en este mundo dejarán de aprisionarnos algún día, en fin, que nuestra propia vida tiene su propio y particular sentido: vivir.

El pecado y la virtud

En un cuento de Gibrán se habla magistralmente del pecado y la virtud. El autor relata cómo un ángel y un demonio se apresuran a calificar un nuevo placer descubierto por un hombre. “Es un pecado”, decía el demonio, “No, no, es una virtud”, le replicaba el ángel.

¿Qué es el bien y qué es el mal? Ya hemos hablado de ello anteriormente. El bien y el mal no son otra cosa que conceptos, que intentan definir lo que nos hace felices o lo que nos hace infelices, lo que nos causa placer y lo que nos causa dolor, lo que nos beneficia y lo que nos perjudica.

Desde un punto de vista simplista, el pecado y la virtud no tienen vuelta de hoja. El pecado es lo que hacemos mal y la virtud es lo que hacemos bien. El problema viene cuando alguien nos dice que lo que hacemos bien en esta vida, eso que nos causa placer, felicidad y estabilidad, nos causará un mal irreparable en la otra vida.

El problema se complica cuando alguien nos advierte que todo lo que nos gusta de la vida es malo, pecado o engorda. Comemos, algo que nos encanta y después resulta que nos causa un sinnúmero de enfermedades. Luego entonces, aquello que considerábamos una virtud para nuestro paladar se convierte en un pecado para nuestro organismo.

¿Cómo acertar entonces? Para colmo, no falta quien nos diga que nuestros dolores y sufrimientos serán recompensados en una próxima existencia, que nuestras limitaciones y miserias humanas nos abrirán las puertas del cielo, que el pedir sinceramente perdón por nuestras mayores atrocidades reducirá nuestras penas en el infierno y, quién sabe, si regalamos nuestro dinero y posesiones a la iglesia o guía espiritual estaremos en pose-sión de ganar el cielo a pesar de nuestros múltiples errores.

Nuestra inmadurez generalizada en todos los aspectos que se refieren al fin de la existencia y a lo que hay después de la muerte nos convierte en víctimas propiciatorias. Es fácil, no existe ser humano alguno que no haya pecado de pensamiento, obra, acto u omisión, no hay humano perfecto. Y aún somos menos

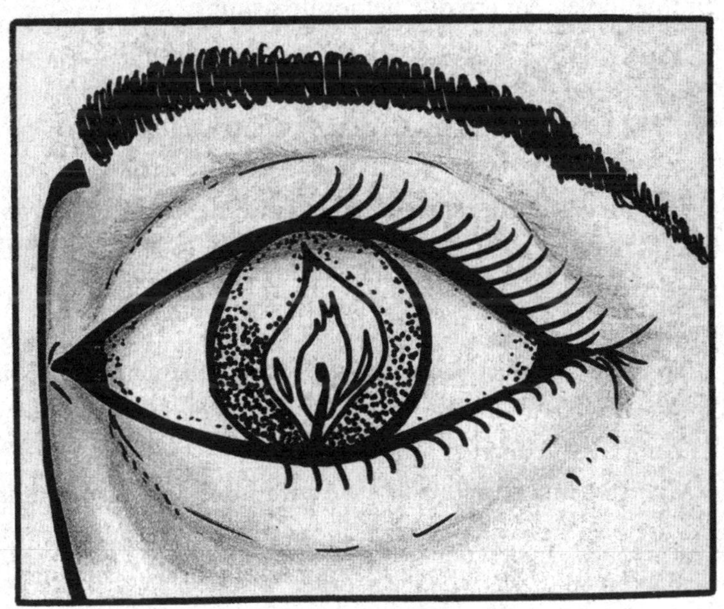

perfectos cuando nuestros "pecados" van unidos a la realización de los actos más naturales y antiguos del mundo, el sexo y la alimentación. Y si somos capaces de abstenernos y de no pecar en el aspecto material, siempre hay la posibilidad de que pequemos de soberbia o de que nos queramos igualar a Dios.

Pero nada de esto tiene un verdadero sentido si se analiza madura y fríamente. Es tremendamente infantil pensar que un ser superior, como lo debería de ser Dios, no tuviera mejores cosas que hacer que estar vigilando la conducta humana, sobre todo la conducta humana más natural, la que nos exige nuestro organismo.

La magia de las velas no es un pecado ni una virtud, es un acto de iluminación, de entendimiento, que puede dirigirse hacia el aspecto de la existencia que cada uno desee, tanto en el plano espiritual, como en los planos material e intelectual, iluminando el sendero que hemos de seguir.

Luz que ilumina o luz que deslumbra

Para finalizar este capítulo hablaremos de la luz, del fuego, de la llama de las velas, porque hay que tener en cuenta que hay distintos tipos de luz, distintos tonos y distintas intensidades.

No todas las flamas son iguales e, independientemente de su significado, hay que saber que también pueden ser consideradas como seres con vida propia.

Mientras una flama brilla vive para nosotros, cuando una llama se manifiesta en nuestra realidad, es real en ese momento.

Las llamas tienen el poder de captar la atención. Para un pirómano no hay nada más bello ni excitante en este mundo que la contemplación del fuego.

No son la misma cosa las llamas del abismo que el fuego de las estrellas, pero ambas son igual de atrayentes. No es lo mismo la contemplación de una fogata en la noche o de las estrellas, que la contemplación de un bosque en llamas o de un edificio que se quema. Para nadie es un secreto que el fuego incontrolado quema y hace daño, y que el fuego controlado nos permite cocinar, calentamos y producir energía.

Algo similar sucede con la flama de las velas. Quizá la simple flama de una vela sólo pueda causarnos una quemadura superficial, pero eso no tiene la menor importancia si pensamos que esa pequeña flama puede deslumbrarnos. ¿Cómo puede deslumbrarnos una llama tan pequeña? Pues alimentando nuestro orgullo, haciéndonos creer que somos mejores de lo que en realidad somos, haciéndonos pensar que tenemos más cualidades que los que nos rodean, inclinándonos a sentirnos seres especiales y elegidos.

El pensamiento mágico y religioso tiene este inconveniente en general, sobre todo cuando los primeros experimentos nos dan excelentes resultados.

Un ritual mágico con velas puede ser muy atinado y productivo, pero no por ello hemos de lanzar las campanas al vuelo. Cada experimento es diferente y cada peldaño del sendero no tienen nada en común con el peldaño anterior. Subir un peldaño más no significa necesariamente ascender. Medir un poco más espiritualmente no quiere decir necesariamente que nuestro espíritu sea mayor.

Una persona puede tener mayor o menor talento al experimentar con velas, al fin y al cabo es un acto más y en cada acto de la vida hay personas más hábiles y talentosas que otras.

Pero ninguna habilidad y ningún talento nos hacen mejores; que los demás porque esencialmente somos la misma cosa: pequeñas flama encerradas en un caparazón físico y mental, con la. aspiración de volver alguna vez al maravilloso fuego eterno. En el fondo nadie es mejor que nadie porque todos somos la misma cosa.

Todos venimos del mismo sitio y todos terminaremos en el mismo lugar. No hay mejores ni peores, ni elegidos ni condenados. Todos estamos inmersos en la misma espiral. O, como dijo Vivekananda, todos somos Dios, todo es Dios: el bien y el mal, la claridad y la sombra, las piedras y los gases, los animales y los seres humanos, los planetas y las estrellas, el vacío y la plenitud. Hasta la misma nada es Dios.

Dejarnos deslumbrar por la flama de una vela es un error que nos confundirá y nos sumirá en una ciega luminosidad hasta que nuestra vista se recupere.

La flama debe servir para guiarnos en el camino oscuro, no para enceguecernos ni para quemarnos.

El altar de la vela

En un libro anterior que escribí bajo otro nombre y en colaboración con una persona con la que no he vuelto a encender una vela, me tomé el trabajo de dibujar un altar de mago donde se pudiera encender la vela siguiendo los pasos y teniendo los mismos utensilios que se utilizan en la magia por regla general.

Desde entonces hasta el día de hoy he aprendido que ni la magia en general ni la magia con velas en particular requieren de un aparato tan complicado y sofisticado para funcionar.

Para montar un altar propicio para encender velas no hacen falta más cosas que las siguientes:

- Una mesa, preferentemente de madera.
- Un candelabro, preferentemente de barro.
- Un platito con tierra o sal.
- Un vasito con agua.
- Un perfume, una planta, una flor o incienso.

- Un símbolo o una imagen.

- Y, por supuesto, la vela.

La mesa

La mesa tiene que estar colocada en un lugar apartado y recogido. Esto no se debe a ninguna preparación mágica, sino a la seguridad de que no se vaya a quemar nada si la vela se cae alguna vez que se nos haya olvidado apagarla; y a que generalmente cuando practicamos un acto de devoción preferimos hacerlo sin que nadie nos moleste.

La mesa es preferible de madera por la capacidad aislante que tiene este material, porque no almacena energía estática y porque es más natural. No hay que olvidar que la magia funciona al moverse por los hilos sutiles de la naturaleza, y la madera tiene la capacidad de transmitir a través de estos hilos, ya que alguna vez estuvo clavada a la tierra.

En el libro anterior también dispuse diferentes orientaciones para el altar, o al menos para la vela dentro del altar. De cualquier manera, el mejor lugar para la vela sobre el altar es el punto cardinal por donde sale el sol, el Oriente.

El candelabro

Puede ser individual o para varias velas. Si es para varias velas lo mejor es colocar en el centro la vela que se va a encender.

El candelabro debe ser preferentemente de barro por la misma razón que la mesa debe ser de madera.

El barro es tradicionalmente la materia con que se formó al hombre o, si usted lo prefiere, la materia en donde se formó la primera vida. Por supuesto, el barro también posee la fuerza mágica telúrica de nuestro planeta, y es capaz de comunicarse a través de toda la Tierra.

No hace falta que el candelabro esté lleno de símbolos, sobre todo si desconocemos su significado, ya que podrían estar perfectamente contrapuestos a lo que deseamos de la vela. Es mejor que el candelabro sea sencillo y austero, útil para el fin que se le ha encomendado: dejar que se consuma la vela sin que ésta corra el riesgo de caerse mientras está encendida.

EL ALTAR DE LAS VELAS

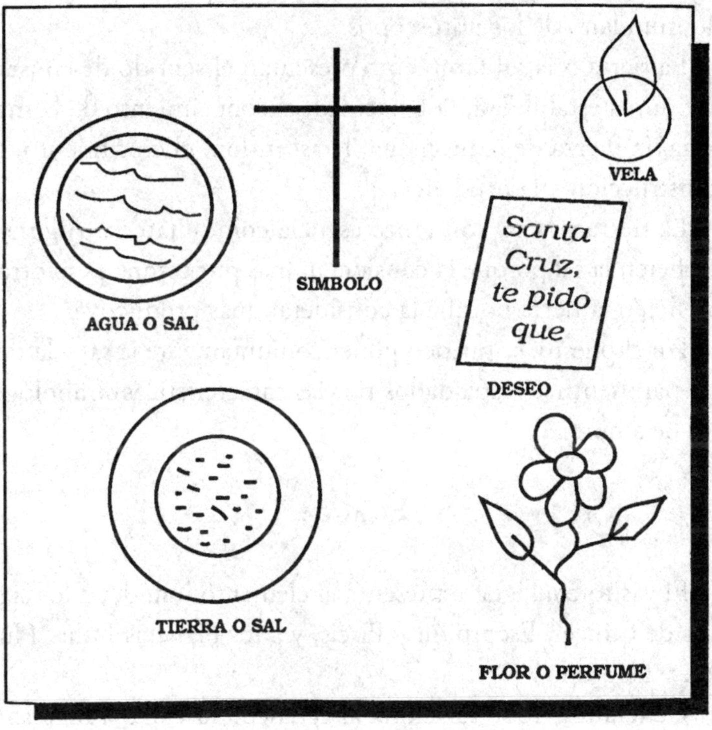

VELA
AGUA O SAL
SIMBOLO
Santa Cruz, te pido que
DESEO
TIERRA O SAL
FLOR O PERFUME

La tierra o la sal

El platito o pequeño recipiente que contenga un poco de tierra o sal sirve para representar el elemento tierra, a los signos astrológicos de Tauro, Virgo y Capricornio, y a los planetas de Venus, Mercurio y Saturno. Esta representación ayuda a solidificar nuestros deseos y protege nuestro trabajo mágico del empecinamiento, el deslumbramiento y la ambición desmedida.

Las referencias astrológicas en la magia tiene más relación con la conformación de nuestro universo, que con el significado mundano de los horóscopos.

La tierra o la sal también representan el sentido de conservación, la estabilidad, la tenacidad, el conocimiento de la materia, la fuerza de la montaña, la ascensión, el crecimiento, la construcción y la prudencia.

La tierra y la sal son tanto esencia como materia. Algunos prefieren la sal porque la consideran más protectora, pero otros prefieren la tierra porque la consideran más productiva.

Por supuesto, se pueden poner conjuntamente la sal y la tierra para sentirse respaldados por las características simbológicas de ambas.

El agua

El vasito con agua representa al elemento líquido, a los signos de Cáncer, Escorpión y Piscis, y a los planetas Luna, Plutón y Neptuno.

Generalmente se relaciona al agua con la vida, la maternidad, la ternura, la sensibilidad y la pureza, pero el agua tiene otros aspectos útiles en la magia como la sensibilidad, la intuición, la fuerza, la profundidad, el talento y la capacidad para superar los peligros y las adversidades.

El agua también protege de las malas influencias, comunica, transporta, magnetiza, cura y cambia el curso de las cosas, por lo que su presencia es muy importante en nuestra mesa.

Por si fuera poco, el agua actúa en contra de la inercia, el conformismo, la dejadez y la tendencia a los vicios.

Por si usted no lo sabia, la magia puede convertirse, con el mal uso y sin las protecciones adecuadas, en todo un vicio.

El perfume

Incienso que quema junto a la vela, perfume que deja escapar su esencia, una planta o una flor olorosas, representan el elemento aire en nuestro altar, y con él a los signos astrológicos de Géminis, Libra y Acuario, así como a los planetas Mercurio, Venus y Urano.

Su presencia da, aunque resulte paradójico, un toque de racionalidad, mentalidad e intelectualidad a nuestra mesa. Este elemento ayuda mucho a que se comprendan claramente los mensajes emitidos a través de la vela, es decir, que ayudan a que nuestros deseos lleguen con mayor seguridad a quien están dirigidos.

También funciona como arma de lucha y protección, es decir, que la sutilidad del perfume, y por analogía del elemento aire, es capaz de atravesarlo todo como una espada, de cortar las malas influencias y de hacernos sentir mis seguros. Las famosas espadas y tijeras que se ponen habitualmente en la mesa de los magos tienen la misma funcionalidad y la misma correspondencia simbológica.

Las esencias lo penetran todo, lo impregnan todo, le dan

personalidad a las cosas. El olor es una guía más, algo que nos permite reconocer lo familiar, algo que nos ayuda a despertar nuestros sentidos más íntimos. De esta manera se dirigen hacia nuestro camino, equilibran el ambiente y humanizan y personalizan nuestro entorno.

Símbolos o imágenes

Para las personas que tienen una especial devoción por tal o cual santo, por una o por otra virgen, por uno o por otro dios, la imagen de este ser espiritual es un apoyo psicológico importante al realizar el acto de encender la vela.

Los símbolos de ángeles, arcángeles, planetas, constelaciones y otras fuerzas por el estilo, cumplen la misma función: hacen que nos sintamos más fuertes y seguros al momento de realizar un acto de devoción.

Por supuesto, las imágenes religiosas de todo tipo son válidas, y, como el crucifijo, incluso recomendables.

La razón de que las imágenes religiosas sean tan recomendables en un altar o mesa mágica se debe a que dichas imágenes reciben constante y diariamente la devoción y fuerza espiritual de todos sus seguidores.

La Cruz de Caravaca, por ejemplo, es un potente amuleto en sí misma por el simple hecho de que hay millones de personas que creen en ella y de que otros tantos millones de personas la tienen en su casa o la llevan colgada al pecho.

Hay personas que prefieren papeles con sus oraciones inscritas, o con los símbolos de los ángeles dibujados en ellos. Otras personas utilizan el papel para escribir sus deseos y después incinerarlo con la flama de la vela. Las letras, las palabras y las frases que se forman con ellas, no son otra cosa que símbolos de lo que deseamos y tienen la misma utilidad que las imágenes y otros símbolos.

Los símbolos representan diferentes cosas para distintos magos, por eso evito el recomendar símbolos en particular que para mi representen tal o cual cosa. En todo caso, es mejor que el operador escoja sus propios símbolos y sus propias imágenes, dependiendo de sus deseos y de sus creencias, así como de lo que dichos símbolos representen para él personalmente.

Algunos símbolos hebreos, por ejemplo, resultan muy atrayentes para muchos magos, pero para otros su utilización no es más que una blasfemia, y para otros más, las letras hebreas son símbolos completamente negativos.

Lo mismo sucede con los números y los colores: no hay una hegemonía analógica que los represente. De esta manera, un mantel amarillo puede representar el oro y la riqueza para un sector de la población, mientras que para otro sector sólo representa mala suerte.

La vela

Es obvio que, sin una vela, todo lo demás sobra. La vela representa al elemento fuego, a los signos de Aries, Leo y Sagitario, y a los planetas Marte, Sol y Júpiter.

La vela habla de la fuerza de la generación y regeneración, de la protección y la expansión, de la generosidad y la nobleza, en suma de la magia misma. Es la analogía de la fuerza, el poder, el espíritu, la energía, la creatividad, el ser, la expresión y la conquista. En ella se encuentra la esencia de todo, la sustancia de universo, la iluminación, la comprensión, la evolución, el conocimiento y la sabiduría.

La vela ahuyenta los enfrentamientos, libera nuestros temores, domina la fiera que llevamos dentro, abre nuestro corazón y nuestros ojos a otras realidades. Nos hace madurar, entender y tolerar. Nos ayuda a deshacernos del egoísmo y de nuestros pequeños y grandes demonios internos.

Encender una vela es darle luz a otra persona, a otro ser, a otra idea, al tiempo que nos iluminamos a nosotros mismos. Encender una vela es abrir la luz de un faro para que los que se encuentran perdidos en la tormenta puedan llegar sanos y salvos a puerto.

La vela es la base y el vehículo, el fondo y la forma, el impulso y la transformación.

Puede estar construida de cera normal o de cera de abejas por ser más natural, ser blanca o de distintos colores, dependiendo del uso que le queramos dar o de los deseos que queramos obtener a través de ella, pero lo verdaderamente importante es que la encendamos material o simbólicamente para iluminar el camino, para alumbrar el sendero, para no tener que gritar inútilmente en la oscuridad.

Los colores de las velas

Cuando vamos a una cerería nos encontramos con una cantidad de velas impensables. Las hay de distintas formas, tamaños y colores, y esto sin referimos a las velas decorativas.

La industria de la cerería es muy antigua, y desde hace muchos años que es posible hacer velas de todos los colores. En un principio las velas eran simplemente de color hueso, pero la capacidad artesanal del hombre no podía detenerse en un solo tipo de velas.

Durante la Edad Media hasta los ramos artesanales fueron censurados y las velas volvieron a ser simples trozos de cera cruda.

Si recorremos un poco más atrás en el tiempo, nos encontramos que las primeras velas no usaban la cera, sino el betún y el aceite, es decir, que no había velas sólidas.

La velas de betún aparecieron pocos siglos después de que el hombre dominara el fuego. El betún era negro y se encontraba fácilmente en diversas zonas del planeta, por lo que el hombre no tardó en descubrir sus cualidades.

El aceite es muy posterior al betún y su utilización a nivel mundial es muy despareja. En algunas civilizaciones, como la persa, el uso del aceite dio paso inmediatamente a las lámparas de aceite de todo tipo de formas. La lámpara mágica de Aladino no era otra cosa que una lámpara de aceite. Pero en otros pueblos del uso del aceite se pasó directamente al uso de la cera.

Lámparas como las de Aladino han sido utilizadas a lo largo del tiempo y de la magia de la misma manera que otros han utilizado velas. Las lámparas dan el mismo servicio: encender una luz en el trabajo mágico y espiritual.

Actualmente carecemos de la tradición de las lámparas de aceite, pero las prácticas velas se han mantenido en nuestros usos y costumbres a pesar de la evolución que ha ido teniendo la iluminación casera.

El betún, el aceite, el gas, el carbón, la madera, el petróleo, la electricidad e incluso los excrementos humanos y animales han servido al hombre para procurarle calor, luz y energía en el hogar, y en muchas ocasiones también le han acompañado en sus rituales mágicos y religiosos.

Volviendo a las cererías, donde se venden actualmente toda suerte de utensilios mágicos y religiosos, podemos encontrar desde las tradicionales velas de cera de abeja hasta las velas más exóticas y llenas de colorido. Por supuesto, los cirios, las velas propias de iglesia y los inciensos exóticos y eclesiásticos también se venden en estos comercios.

Ante tal avalancha de productos cabe preguntarse por qué hay tal diversidad. La respuesta es sencilla, por simple decoración y porque cada vela de distinto color y forma puede tener un uso específico dentro del campo de la magia.

No es indispensable que una vela sea de un color o de otro, de una forma o de otra, pero al igual que los elementos y el altar, las velas de diversas formas y colores; son parte del ritual mágico de la magia de las velas.

Cada vela tiene sus propias correspondencia y simbologías, cada vela sirve para un trabajo distinto. Hay velas que curan, velas que dan personalidad, velas que ayudan en los sentimientos, velas que atraen el dinero.

En las próximas páginas nos dedicaremos a señalar las capacidades mágicas de cada vela debidas a su color.

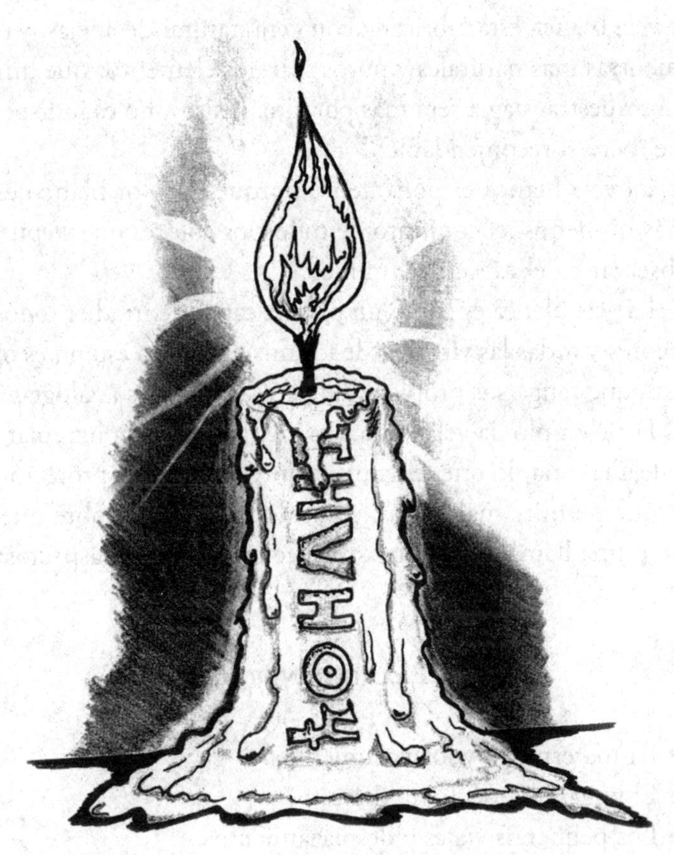

La vela blanca

La vela blanca es polivalente, es decir, que sirve para todos los trabajos de magia y atiende todos los deseos. Siempre que no tengamos una vela de otro color para hacer un trabajo mágico podremos recurrir a la vela blanca sin temor a equivocarnos.

Más que ninguna otra, se recomienda que, de ser posible, la vela blanca está fabricada con cera natural de abejas, ya que mientras más naturales y puros sean los elementos que utilicemos nuestra magia será más potente. Insisto, no es indispensable, pero sí recomendable.

La vela blanca es polivalente porque el color blanco es, ni más ni menos, el conjunto de todos los colores que se pueden observar en el espectro lumínico.

La vela blanca es como un prisma capaz de irradiar todos los colores y todas las virtudes de los mismos, pero eso no es óbice para que tenga sus propios valores y sus propias analogías.

Por ejemplo, la vela blanca se identifica con la luz solar que refleja la luna, lo que le da un talante maternal y protector

que permite manifestar, con sólo encenderla sobre nuestro altar, una llama de luz que favorece los siguientes aspectos:

Plano general

- La maternidad y los nacimientos.
- El hogar, el pueblo, la tierra.
- Los pequeños viajes y desplazamientos.
- La sensibilidad y la intuición.
- El magnetismo y la atracción.
- La pesca y los viajes marítimos.

- La unión familiar.
- La imaginación y las ideas.
- La meditación y la reflexión.
- El recogimiento y la intimidad.

En la salud

- El pecho y los senos.
- El aparato reproductor femenino.
- La parte superior del estómago.
- El sistema linfático.
- Los glóbulos blancos.
- La psique.
- Ayuda contra la depresión.
- Ayuda contra el ostracismo.
- Ayuda contra el cáncer.
- Ayuda contra el alcoholismo.
- Líquidos y humores corporales.
- Dientes y encías.
- Incentiva la fertilidad y ayuda contra la esterilidad.

En el dinero

- Favorece las empresas relacionadas con líquidos.
- El transporte marítimo.
- Las investigaciones relacionadas con el mar.
- Incrementa la memoria en los estudios.
- Incentiva las relaciones sociales, públicas y humanas.
- Favorece los negocios relacionados con la magia, la brujería y las ciencias ocultas.

- Mejora la situación económica familiar.
- Ayuda a las empresas familiares.
- Incrementa los valores relacionados con la plata.
- Favorece las agencias matrimoniales.
- Incrementa las ganancias de viajantes y comerciantes.
- A pesar de su poder, la vela blanca no suele dar grandes fortunas, pero sí es capaz de otorgar la estabilidad económica.

Amor

- Favorece las relaciones familiares.
- Solidifica los matrimonios.
- Unifica a los parientes.
- Incrementa el amor maternal.
- Ayuda a evitar conflictos.
- Equilibra las emociones.
- Favorece la estabilidad, no el enamoramiento.
- Aumenta la fidelidad, la sensibilidad, el cariño y la ternura.

Espíritu

- Ilumina el camino espiritual en la Tierra.
- Da forma a sueños, deseos y aspiraciones.
- Representa a las grandes diosas maternales.
- Incrementa la devoción.
- Ilumina a los caídos y a los que tienen que repetir su andadura por el sendero.
- Evita el deslumbramiento e incrementa la humildad.

Analogías

- La Luna.
- La plata.
- La energía magnética.
- Las rosas blancas.
- Los perfumes suaves y duraderos.
- El avellano.
- Las perlas.
- Las vírgenes.
- La pureza, la santidad, la castidad.
- Todo lo que representa el color blanco en general y en particular (es decir, lo que el color blanco represente individualmente para cada persona).
- Los días de luna llena.

Mecánica del ritual

- Preparar el altar.
- Rezar o pedir a quien merezca nuestra devoción.
- Encender la vela preferentemente a la salida del sol, a mediodía, a la caída del sol o a medianoche.
- Escribir en un papel blanco el deseo y quemarlo, con la flama, de la vela, sobre todo si no se va a dejar encendida hasta que se consuma.
- La vela se puede dejar encendida hasta que se consuma, bien dejarla encendida sólo, unos minutos.
- Si se va a dejar encendida hasta que se consuma, se puede grabar sobre la misma vela el deseo que se pide.
- Una vez apagada la vela se debe destruir o tirar a la basura.

- No se debe utilizar una misma vela para dos trabajos distintos.
- Es aconsejable renovar la tierra, la sal, el aceite, el perfume, el incienso y las plantas que se colocan en el altar.
- También es aconsejable utilizar imágenes y símbolos acor-des a los valores del color de la vela, y no usar símbolos e imágenes indiscriminados.

La vela negra

La vela negra ha sido mal vista, perseguida y hasta satanizada por un gran número de religiosos, magos y brujos de todo el mundo por las referencias maniqueístas que tiene el color negro.

Por supuesto, el negro es teóricamente la ausencia del color y resulta difícil desterrar la analogía de mal y miedo que se le supone a todo lo negro.

Personalmente no tengo nada en contra del color negro, al contrario, creo que un color oscuro reflejará mejor la luz por puro contraste. Pero si usted tiene algo en contra del color negro y no puede dejar de relacionarlo con la magia negra, la magia mala, sencillamente no utilice las velas negras, evítelas.

Aparte de las analogías que consideran al color negro co-mo un color maldito, la vela negra tiene sus propios valores positivos.

Quizás el primer prejuicio contra el color negro dentro de la magia se deba a la magia africana, que realizaban con éxito los brujos de diversas tribus sin ceñirse a las enseñanzas religiosas de Occidente e ignorando por completo las enseñanzas devocionales de Oriente. No sólo en África se practicaban ritos mágicos ajenos a las religiones oficiales, también lo hacían los pobladores no "civilizados" de los cinco continentes. La diferencia radica en que los africanos tardaron más en incorporar las figuras de las religiones oficiales a sus rituales. Es más, hoy en día existen miles de brujos africanos que siguen practicando su magia sin recurrir para nada a los símbolos que nos son comunes a los occidentales.

Los trabajos que podemos hacer en occidente con las velas negras no se parecen en nada a los trabajos que hacen los brujos africanos con las velas de betún, al menos no en la forma, ya que nuestra manera de pensar difiere bastante. Nuestro concepto de la riqueza, el amor y el espíritu en nada se parecen a los de un africano tribal, por suerte para él.

La vela negra, como señalaba anteriormente, tiene sus propios valores para nosotros, ya que representa tradicionalmente a Lilith, la parte oscura de la Luna, que favorece los siguientes factores a través de la magia:

Plano general

- La independencia femenina.
- La igualdad entre los dos sexos.
- Los cambios radicales.
- La sensibilidad y la intuición.
- El magnetismo y la atracción.
- La creatividad y las novedades.
- La liberación personal.
- Las partes oscuras de la psique y el pensamiento humano.
- Los cambios de residencia.
- Los aspectos mis íntimos y personales de los seres humanos.

En la salud

- El páncreas y el vaso.
- Las costillas y el esternón.
- Los músculos abdominales.
- El sistema inmunológico. La secreción glandular.
- La psique.
- El sistema nervioso parasimpático.
- El tejido nervioso.
- Las autodefensas mentales.
- El autodominio corporal.
- Ayuda contra cualquier tipo de dependencia.
- Ayuda contra los problemas mentales graves.
- Ayuda contra las nuevas enfermedades.

En el dinero

- Favorece las empresas femeninas.
- Incentiva las empresas relacionadas con las necesidades femeninas.
- Ayuda en todo tipo de investigaciones e inventos.
- Incrementa el coeficiente, intelectual.
- Ayuda a aceptar los nuevos conceptos y las nuevas formas de ganar dinero.
- Mejora la economía femenina.
- Atrae a la Diosa de la Fortuna.
- Convierte los problemas y los obstáculos en escalones para llegar al triunfo.
- Favorece los cambios radicales y es capaz de darle la vuelta, positivamente a todo tipo de situaciones.
- Favorece las relaciones poco ortodoxas.

- Incentiva la comprensión.
- Unifica a los opuestos.
- Incrementa la tolerancia.
- Ayuda a romper barreras y rencores.
- Facilita las separaciones.
- Favorece los amores ocasionales e independientes.
- Es un buen camino para buscar segundas oportunidades.

Espíritu

- Ilumina el camino espiritual en el limbo.
- Orienta a los seres en el más allá.
- Rompe la oscuridad de las tinieblas.
- Ilumina el conocimiento de los temas esotéricos.
- Al igual que la vela blanca, ilumina a los caídos y a los que tienen que repetir su andadura por el sendero.
- Favorece los contactos con el más allá.

Analogías

- La Luna Negra.
- La plata virgen.
- La energía magnética.
- Las orquídeas negras.
- Los perfumes persistentes.
- El avellano.
- Las perlas negras.
- Las mártires y las heroínas.
- La pureza, la santidad, la castidad.
- Los días de luna nueva.

Mecánica del ritual

- Preparar el altar.
- Rezar o pedir a quien merezca nuestra devoción.
- Encender la vela preferentemente a la salida del sol, a mediodía, a la caída del sol o a medianoche.
- Escribir en un papel blanco el deseo y quemarlo con la flama de la vela, sobre todo si no se va a dejar encendida hasta que se consuma.
- La vela se puede dejar encendida hasta que se consuma, o bien dejarla encendida sólo unos minutos.
- Si se va a dejar encendida hasta que se consuma, se puede grabar sobre la misma vela el deseo que se pide.
- Una vez apagada la vela se debe destruir o tirar a la basura.
- No se debe utilizar una misma vela para dos trabajos distintos.
- Es aconsejable renovar la tierra, la sal, el aceite, el perfume, el incienso y las plantas que se colocan en el altar.
- También es aconsejable utilizar imágenes y símbolos acordes a los valores del color de la vela, y no usar símbolos e imágenes indiscriminados.

La vela roja

La vela roja, o en envase rojo, es una de las más usadas por los feligreses de diversas confesiones. La razón de este uso no se debe a que el color rojo sea el más fácil de fabricar ni a que sea uno de los más llamativos, sino que el ser humano busca inconscientemente los colores rituales que más le favorecen.

El color rojo tiene una clara relación con la sangre, con el principio, de vida. La sangre ha tenido una fuerte influencia sobre los ritos religiosos de todos los tiempos. La sangre es todo un símbolo mágico de poder y fuerza.

Los sacrificios humanos, afortunadamente, han pasado a la historia. Ya no se vierte sangre humana para conseguir los favores de los dioses, aunque aún se utiliza la sangre y el sacrificio de muchos animales, lo que sigue siendo un desagradable acto de salvajismo.

Cada vez quedan menos actos salvajes en nuestros ritos, pero los símbolos arquetípicos se mantienen, por eso las velas rojas han calado tanto en el sentir mágico y religioso de la gente.

La vela de color rojo significa por sí misma un sacrificio, ofrecido a los dioses y es un símbolo de pacto y alianza con los seres espirituales o del más allá. Además, la vela roja simboliza vitalidad e impulso, es decir, el inicio de una obra. Por supuesto, el primer inicio que indica la vela roja se refiere al color del fuego solar que rompe las profundidades de la noche y da comienzo a la luz del día. El nacimiento y el renacimiento están contenidos en la vela roja. La fuerza del combate y la capacidad para superar los obstáculos que van apareciendo en el camino.

El nacimiento y el renacimiento son toda una promesa de inicio y continuidad, no como la esperanza verde, sino como un compromiso.

Uno de los temores básicos de nuestros primitivos antepasados era que el sol podía dejar de salir algún día, para ellos tal posibilidad era signo inequívoco de una condena a las tinieblas, al frío, a la tristeza y, finalmente, a la muerte. Dependiendo de la situación geográfica de los pueblos este temor era más o menos recurrente. Los esquimales, a pesar de vivir seis meses de noche y otros seis meses de día, no dejaron de alimentar este temor. Hoy en día siguen temiendo dicha posibilidad. Los egipcios, más acostumbrados a los rigores del sol, alimentaban este temor todos los días. Creían que Ra, en un arrebato de furia, era capaz de abandonarlos y privarles de la luz del sol para siempre.

La vela roja, en cierto sentido, es la promesa de que el sol seguirá saliendo, de que mañana será un día más, otro día en el que se podrán convertir en realidad todos nuestros deseos.

Por todo ello la vela roja favorece los siguientes aspectos:

Plano general

- El inicio de las cosas, el principio, el comienzo.
- La independencia masculina.
- El impulso vital.
- La fuerza, la energía y la virilidad.
- La capacidad de reacción y la capacidad de asumir riesgos.
- La iniciativa y la penetración.
- Las ideas primarias, los primeros pasos.
- La lucha, el esfuerzo.
- Las pasiones humanas, los instintos básicos.
- Los pactos, los compromisos, la palabra dada.
- La sinceridad y la confianza.
- La magia en sí misma y el mago, en general.

En la salud

- La cabeza y la cara.
- La sangre y las venas.
- Los músculos en general.
- Los glóbulos rojos.
- El tono vital, el deseo de vivir.

- La reacción del organismo frente a las enfermedades.
- Las glándulas pituitaria y pineal.
- La fortaleza orgánica en general.
- Los huesos del cráneo.
- Cejas, pestañas y párpados.
- Ayuda contra los accidentes y los previene.
- Protege en las situaciones peligrosas.
- Ayuda en las intervenciones quirúrgicas.

En el dinero

- Favorece las empresas que empiezan.
- Incentiva las empresas relacionadas con los metales.
- Ayuda a las empresas relacionadas con armas o explosivos.
- Favorece las iniciativas.
- Otorga capacidad de reacción.
- Mejora la economía independiente.
- Atrae a la diosa de la fortuna, pero puede incentivar el vicio del juego.
- Ayuda a superar todo tipo de obstáculos.
- Protege todos los negocios en los que hay un riesgo patente.

Amor

- Favorece las relaciones pasionales.
- Incentiva los encuentros eventuales.
- Ayuda a acabar con las situaciones incómodas.
- Favorece los compromisos, pero no las uniones.
- Ayuda más a las amistades que a las parejas.

- Favorece el amor filial y paternal, pero no el matrimonial.
- Otorga el favor de los mayores y la tolerancia de los amigos.
- Facilita los primeros contactos en las relaciones sociales.
- Ayuda a despertar aceptación y simpatía.
- Hace más cálidas las relaciones estables.
- Es una vela más para novios y amantes, que para matrimonios, ya que favorece poco la igualdad y se decanta más por el hombre.

Espíritu

- Ilumina las aspiraciones del Espíritu.
- Da fuerza para luchar en el más allá.
- Abre las puertas del mundo espiritual para que pase la luz.
- Ilumina el inicio y el final del sendero.
- Otorga luz a las nuevas almas.
- Favorece la fuerza del espíritu.

Analogías

- Marte, el Dios de la Guerra.
- El hierro y el acero.
- La energía eléctrica.
- Las rosas rojas.
- Los perfumes penetrantes.
- El helecho.
- Las piedras rojas.
- Los héroes y los santos luchadores.
- La fuerza, el poder, lo masculino.

- Las armas en general.
- Los martes.

Mecánica del ritual

- Preparar el altar.
- Rezar o pedir a quien merezca nuestra devoción.
- Encender la vela preferentemente a la salida del sol, a mediodía, a la caída del sol o a medianoche.
- Escribir en un papel blanco el deseo y quemarlo con la flama de la vela, sobre todo si no se va a dejar encendida hasta que se consuma.
- La vela se puede dejar encendida hasta que se consuma, o bien dejarla encendida sólo unos minutos.
- Si se va a dejar encendida hasta que se consuma, se puede grabar sobre la misma vela el deseo que se pide.
- Una vez apagada la vela se debe destruir o tirar a la basura.
- No se debe utilizar una misma vela para dos trabajos distintos.
- Es aconsejable renovar la tierra, la sal, el aceite, el perfume, el incienso y las plantas que se colocan en el altar.
- También es aconsejable utilizar imágenes y símbolos acordes a los valores del color de la vela, y no usar símbolos e imágenes indiscriminados.

La vela azul

La vela azul no tiene un aspecto de poder o fuerza física, pero sí refleja la simbología de la fuerza del amor, la sensualidad, el viento, el cielo y otros valores similares. La fuerza de la tenacidad, por ejemplo, puede ser más productiva que la fuerza del impulso.

De cualquier manera, la vela azul es poco usada en rituales religiosos y no demasiado usada en rituales mágicos, entre otras cosas, porque los valores que representa no son suficientemente objetivos o materiales.

La magia es una solución "fácil", y muchos de los conceptos de la vela azul no van precisamente en esta dirección.

Los fenómenos meteorológicos, vinculados a la vela azul, nos preocupan de forma superficial porque la mayoría de la gente hace tiempo que dejó de preocuparse por la buena o mala marcha de las cosechas.

En la actualidad hay pocos magos o brujos que se dediquen a variar las condiciones meteorológicas. En África, donde creen que la visita de los dioses se manifiesta por medio de desgracias, los brujos son poco amigos de llamar al buen tiempo porque temen que en lugar de éste los dioses premien su atrevimiento con más mal tiempo.

Por otra parte, a poca gente atrae la vertiente de amor estable y conyugal que ofrece la vela azul, porque están más a favor del amor pasional que ofrece la vela roja o por el enamoramiento que ofrece la vela rosada.

La vela azul es una vela de trabajo, y son muy pocas las personas que se acercan a la magia que están a favor de trabajar. La gente quiere milagros, no responsabilidades, pero incluso en la magia a veces son necesarios actos de voluntad y constancia que están más cerca del trabajo diario que de la solución instantánea.

De cualquier manera, la vela azul ofrece una serie de factores mágicos favorecedores que no deberíamos pasar por alto:

Plano general

- La sensualidad, los sentidos.
- La feminidad.
- La constancia y la prudencia.

- La consolidación, lo concreto.
- La administración de los impulsos.
- La reflexión y el trabajo.
- La organización y el orden.
- La capacidad de ser y de sentir.
- El arte y la creatividad artística.
- Los placeres corporales, intelectuales, y espirituales.

En la salud

- El cuello y la garganta.
- La boca, los dientes y la lengua.
- Las vértebras cervicales.
- La nuca y el cerebelo.
- Las glándulas tiroides y paratiroideas.
- La sensibilidad física.
- La conformación física.
- La irrigación sanguínea al cerebro.
- La yugular.
- El dominio del aparato locomotor.
- Favorece las aptitudes físicas.
- Depura, limpia y desinfecta el organismo.
- Previene contra todos los males relacionados con las zonas de cuello, nuca y garganta.

En el dinero

- Favorece todo tipo de empresas.
- Incentiva el trabajo y la funcionalidad.
- Ayuda en todo tipo de inversiones.

- Incrementa el sentido de ahorro.
- Ahuyenta el caos y el desorden en materias económicas.
- Clarifica y favorece las operaciones monetarias.
- No es muy favorable para los juegos de azar ni para las ambiciones excesivas, pero sí es capaz de mejorar la situación económica a los grupos y de atraer la fortuna para los que jueguen en conjunto.
- No aleja los obstáculos, pero ayuda a encontrar soluciones prácticas y viables.
- Favorece la estabilidad y la consolidación de los bienes, sobre todo los relacionados con el campo, la banca y las propiedades.

Amor

- Favorece las relaciones estables.
- Incentiva la unión y la duración de la pareja.
- Favorece el amor conyugal principalmente.
- Suaviza las tensiones y mejora las relaciones.
- Ayuda a encontrar pareja estable y duradera.
- Facilita el entendimiento mutuo dentro de los roles tradicionales.
- Incrementa la solidaridad y la mutua ayuda entre la pareja.
- Mantiene la llama del amor encendida.
- Incrementa la sensualidad y la sensibilidad amorosas.

Espíritu

- Ilumina el camino espiritual en el corazón humano.
- Orienta a los seres que han fallecido recientemente.

- Ayuda al acercamiento espiritual desde el pragmatismo.
- Ilumina el espíritu alejando el fanatismo.
- Concreta los mensajes del más allá.
- Es la luz de la tierra que asciende a las alturas.

Analogías

- La Diosa del Amor, Venus.
- La sal de la tierra.
- La energía de los sentidos.
- Las rosas blancas.
- Los perfumes suaves.
- El laurel.
- Las piedras de color azul.
- Las diosas protectoras y las santas trabajadoras.
- La fidelidad, el compromiso personal.
- El trabajo y la constancia en el ritual y el desarrollo mágico.
- Los viernes.

Mecánica del ritual

- Preparar el altar.
- Rezar o pedir a quien merezca nuestra devoción.
- Encender la vela preferentemente a la salida del sol, a mediodía, a la caída del sol o a medianoche.
- Escribir en un papel blanco el deseo y quemarlo con la flama de la vela, sobre todo si no se va a dejar encendida hasta que se consuma.
- La vela se puede dejar encendida hasta que se consuma, o bien dejarla encendida sólo unos minutos.

- Si se va a dejar encendida hasta que se consuma, se puede grabar sobre la misma vela el deseo que se pide.
- Una vez apagada la vela se debe destruir o tirar a la basura.
- No se debe utilizar una misma vela para dos trabajos distintos.
- Es aconsejable renovar la tierra, la sal, el aceite, el perfume, el incienso y las plantas que se colocan en el altar.
- También es aconsejable utilizar imágenes y símbolos acordes a los valores del color de la vela, y no usar símbolos e imágenes indiscriminados.

La vela verde

Valores como la esperanza, la comunicación, la naturaleza e incluso la inteligencia están vinculadas a la vela verde. Pero quizá, sea el campo de la salud en general el que más la represente.

Antes de que la industria farmacéutica hiciera su aparición en nuestras culturas, todos los males y enfermedades se curaban con hierbas. En los rituales módicos de los chamanes aparecían plantas de todo tipo, y no sólo para utilizar internamente o para tomarlas en forma de tisanas o usarlas en forma de cataplasmas. Las plantas servían además para ahuyentar a los malos espíritus. Una rama de avellano o una rama de olmo eran capaces de dominar a los demonios. Un pase de rama de pino dentro de una cueva o sobre el cuerpo de una persona podía alejar a los pequeños demonios que se llevaran dentro. En una palabra, muchas ramas eran utilizadas con éxito en forma de terapia de catarsis psiquiátrica por los “psicólogos” de la antigüedad.

La vela verde también es una vela alimentaria, floral y primaveral capaz de prometer la abundancia de bienes y alimentos sobre la mesa de sus seguidores.

Uno de los principales trabajos de la magia es vender tiempo y esperanza a los fieles, ya que el tiempo cura las heridas y la esperanza disminuye el tamaño de nuestros males dándonos una mejor disposición de ánimo para afrontarlos, y este es un campo específico de la vela verde.

La vela verde es como una gran oreja que escucha nuestros males y nuestros deseos, a la vez que una gran voz que nos tranquiliza al hablarnos y prometernos un futuro, mejor. Por todo ello, la vela verde nos favorece mágicamente en los siguientes aspectos:

Plano general

- La salud en general.
- La esperanza, el deseo.
- Los cambios continuos, pero no los radicales.
- La comunicación y la interrelación.
- La simpatía natural.
- La elocuencia y la agilidad mental.
- La adaptabilidad, el movimiento.
- Lo polifacético, la diversidad.
- La actividad y la vitalidad.
- Los aspectos más superfluos del ser humano.
- Las formas y la sociabilidad.
- El intelecto en sus primeras fases, la facilidad de aprender.

En la salud

- Los procesos curativos en general.
- El sistema respiratorio.
- Los músculos pectorales.

- Hombros, brazos y manos.
- La glándula timo.
- La tensión nerviosa.
- La recuperación física.
- Las primeras fases de la alimentación.
- Los sentidos del tacto y el gusto.
- El dominio del ritmo corporal.
- La agilidad de la lengua y los miembros.
- Ayuda contra los problemas mentales simples.
- Depura el aire que respiramos y mejora el tono vital a través de la respiración.
- Ayuda contra todo tipo, de alergias.
- Favorece las curaciones por medio de medicinas alternativas, desde el curanderismo milagroso hasta las moxas.

En el dinero

• Favorece las empresas ocasionales.

• Incentiva las empresas relacionadas con las medicina.

• Ayuda en todo tipo de investigaciones biológicas.

• Favorece las empresas y los negocios relacionados con las medicinas alternativas, principalmente la naturista.

• Ayuda a ganar dinero "fácil", pero no favorece el ahorro.

• Favorece la economía de los más jóvenes.

• Atrae la fortuna a los primerizos.

• Soluciona los problemas de forma "milagrosa".

• Favorece los pequeños cambios y la nuevas formas o las nuevas fachadas.

• Facilita la capacidad de estudio.

• Favorece los ingresos económicos a través de la publicidad o de los medios de comunicación.

Amor

- Favorece los primeros amores.
- Da suerte en las primeras fases del amor, pero no garantiza la continuidad.
- Protege las relaciones poco tradicionales.
- Incrementa la capacidad de reconciliación.
- Atrae, las simpatías del ser amado.
- Aumenta la aceptación general, la amistad no demasiado profunda y la sociabilidad.
- Ilumina el camino y los encuentros de los enamorados.
- Da esperanza y rejuvenece los amores.
- Ayuda a que las segundas nupcias sean tan intensas como los primeros amores.

Espíritu

- Ilumina el camino espiritual en los años de la juventud.
- Orienta a los seres en el mundo.
- Abre una luz de esperanza en el más allá.
- Permite que se haga luz intelectual sobre los temas esotéricos.
- Incita a que las ciencias ocultas tomen el rumbo de convertirse en ciencias exactas o humanas.
- Permite tener voz y oídos para los mensajes de otras realidades.
- Unifica la dispersión del pensamiento.
- Energetiza y rejuvenece el espíritu.

Analogías

- El Mensajero de los Dioses, Mercurio.
- El metal líquido, el mercurio.
- La energía intelectual.
- Las flores silvestres.
- Los perfumes juveniles.
- Los árboles de hojas perennes.
- Las piedras de color verde.
- Las ángeles en general.
- Los médicos espirituales.
- Las invocaciones, las oraciones y los rezos.
- Las recetas y las fórmulas mágicas.
- Los miércoles.

Mecánica del ritual

- Preparar el altar.
- Rezar o pedir a quien merezca nuestra devoción.
- Encender la vela preferentemente a la salida del sol, a mediodía, a la caída del sol o a medianoche.
- Escribir en un papel blanco el deseo y quemarlo con la flama de la vela, sobre todo si no se va a dejar encendida hasta que se consuma.
- La vela se puede dejar encendida hasta que se consuma, o bien dejarla encendida sólo unos minutos.
- Si se va a dejar encendida hasta que se consuma, se puede grabar sobre la misma vela el deseo que se pide.
- Una vez apagada la vela se debe destruir o tirar a la basura.
- No se debe utilizar una misma vela para dos trabajos dis-

tintos.

- Es aconsejable renovar la tierra, la sal, el aceite, el perfume, el incienso y las plantas que se colocan en el altar.
- También es aconsejable utilizar imágenes y símbolos acordes a los valores del color de la vela, y no usar símbolos e imágenes indiscriminados.

La vela lila

Al igual que la vela negra, la vela lila no ha tenido muy buen cartel a lo largo de los años por las correspondencias de mal y brujería que ha soportado a través de los siglos.

Junto con el negro, el color lila ha estado relacionado, además, con la muerte y el más allá, es decir, que en cierta forma se le considera un color fúnebre, y las cosas que nos recuerdan la inminencia de la muerte no suelen agradarnos. También es una vela de tendencias femeninas y feministas, es decir, que favorece más a las mujeres y a las aspiraciones de las mujeres, que a los hombres.

De cualquier manera, no hay duda alguna que la vela lila incrementa las capacidades personales dentro del mundo de la magia. Desarrolla los poderes psíquicos y paranormales. Incrementa la visión y la clarividencia. Facilita la sensitividad y la intuición.

La vela lila se enciende en plena oscuridad e ilumina el entorno inmediato a las sombras, por eso nos permite una mejor percepción de los mundos paralelos al nuestro. Su uso no es muy recomendable para las personas excesivamente sensibles. Tampoco es muy recomendable para las personas que no están demasiado centradas psíquicamente.

En sí misma no es una vela peligrosa, pero al igual que otros puntos de las ciencias ocultas y religiosas, es capaz de disparar o manifestar inoportunamente las deficiencias psíquicas de las personas excesivamente sensibles o mentalmente débiles.

Las secuencias de la vela lila son preeminentemente lunares, por lo que es capaz de incrementar el lunatismo.

Por otra parte, la vela lila está especialmente recomendada para las personas poco sensibles que busquen corroboración a sus deseos de nuevas sensaciones dentro del campo de las ciencias ocultas.

La vela lila despierta con cierta facilidad las capacidades psíquicas y la sensibilidad a los fenómenos paranormales que todos llevamos dentro, por ello mismo favorece mágicamente los siguientes aspectos:

Plano general

- La sensibilidad en general.
- Las emociones y la devoción.
- La intuición y la visión.
- Todo lo relacionado con la madre.
- El más allá, la brujería y las ciencias ocultas en general.
- La memoria y la fantasía.
- Los sueños y la imaginación.
- Las experiencias sobrenaturales.
- La atracción por lo desconocido.
- Los aspectos más sentimentales y sensibleros del ser humano, es decir, nuestra fibra sensible.
- Tanto la inercia como los cambios inesperados.
- La facilidad de conectar con todas aquellas cosas de difícil concepción, comprensión y entendimiento.

En la salud

- La forma y la apariencia.
- El desarrollo y el crecimiento.
- La capacidad de supervivencia.
- Parte, media de la columna vertebral.
- Parte superior de la espalda.
- El inconsciente.
- La recuperación física de enfermedades graves o traumáticas.
- La asimilación de los alimentos.
- La salivación y las lágrimas.
- La conformación de los dientes y su desarrollo.
- Las capacidades y habilidades psíquicas.
- Ayuda contra los problemas mentales caóticos y contra las crisis sentimentales y emocionales.

En el dinero

- Favorece las industrias alimenticias.
- Incentiva bares y restaurantes.
- Incrementa las ganancias de las empresas relacionadas con productos lácteos y cómicos.
- Favorece las empresas excéntricas y fuera de lo común.
- Incentiva las herencias y los legados.
- Favorece la economía de las mujeres viudas.
- Favorece la economía de las mujeres divorciadas o separadas.
- Abre caminos sorprendentes para mejorar la economía de

las mujeres en general.

- Atrae la fortuna después de las desgracias o los accidentes.
- Incrementa la imaginación, la fantasía y la creatividad, y los ingresos económicos relacionados con estas materias.

Amor

- Favorece las relaciones madre-hijos.
- Ayuda a safir de depresiones y conflictos amorosos.
- Otorga oportunidades amorosas a las mujeres viudas o separadas.
- Incrementa la emocionalidad de los sentimientos.
- Despierta la emotividad y la ternura del ser amado.
- Ayuda en la recuperación de los seres queridos.
- Ayuda a recuperar el buen humor y el ánimo a las personas que han sufrido, en el terreno afectivo.
- Favorece los embarazos tardíos y ayuda a tener hijos, de forma natural o adoptados, a las parejas que no los han podido tener.

Espíritu

- Ilumina el camino espiritual en los momentos difíciles.
- Orienta a los seres perdidos o confundidos.
- Despierta las sensibilidad psíquica.
- Despierta la sensibilidad espiritual.
- Da luz a las nuevas percepciones.
- Otorga madurez espiritual.
- Ilumina el camino emocional y devocional del espíritu.

Analogías

- Las vírgenes maternales, la Luna.
- El carbón y la plata negra.
- La energía emocional.
- Las orquídeas.
- Los perfumes dulces.
- El castaño y las maderas nudosas.
- Las piedras de colores metálicos.
- Las santas misioneras.
- La bisutería en general.
- Las oraciones devocionales y emocionales.
- Los lunes.

Mecánica del ritual

- Preparar el altar.
- Rezar o pedir a quien merezca nuestra devoción.
- Encender la vela preferentemente a la salida del sol, a mediodía, a la caída del sol o a medianoche.
- Escribir en un papel blanco el deseo y quemarlo con la flama de la vela, sobre todo si no se va a dejar encendida hasta que se consuma.
- La vela se puede dejar encendida hasta que se consuma, o bien dejarla encendida sólo unos minutos.
- Si se va a dejar encendida hasta que se consuma, se puede grabar sobre la misma vela el deseo que se pide.
- Una vez apagada la vela se debe destruir o tirar a la basura.
- No se debe utilizar una misma vela para dos trabajos distintos.

- Es aconsejable renovar la tierra, la sal, el aceite, el perfume, el incienso y las plantas que se colocan en el altar.
- También es aconsejable utilizar imágenes y símbolos acordes a los valores del color de la vela, y no usar símbolos e imágenes indiscriminados.

La vela amarilla

La vela amarilla no es muy frecuente fuera de las celebraciones de cumpleaños. Pero en su faceta de vela dorada sí está ampliamente relacionada con los ritos "elevados" de ciertos grupos y sectas. Algunas velas doradas ocupan un lugar preeminente en diversos altares religiosos. Esto, se debe a que el oro ha representado desde hace siglos la riqueza material y espiritual entre los hombres.

Hay quien supone que la última pieza de la principal pirámide egipcia era un gran triángulo de oro, y que dicho triángulo representaba lo más elevado en todos los sentidos para sus constructores.

Entre los alquimistas del siglo XVI también hubo una corriente que relacionó al oro físico con el oro espiritual. En este sentido, la vela amarilla o dorada tiene implicaciones de una alta aspiración espiritual. Los extremos se tocan, porque así como podemos vincular a la vela amarilla con el oro del espíritu, es innegable que por regla general la relacionamos con los aspectos más materialistas y egoístas del ser humano.

No importa si nosotros no tenemos aspiración de Dios o eternidad, porque Dios y la eternidad siguen teniendo aspiración de nosotros. Este parece ser el mensaje primordial de la vela amarilla. No importa lo ambiciosos que seamos en esta vida, moriremos de todas formas y en un momento u otro, tendremos que enfrentarnos con lo que hay en el más allá de la muerte. Tarde o temprano tendremos que renunciar a nuestro ego y enfrentarnos al todo o a la nada, así que nada nos impide intentar gozar de los bienes que nos ofrece la tierra y de los gozos que nos ofrece la vida.

Dios no nos juzgará, al menos no dentro del sistema de valores humanos que nos hemos inventado para poder vivir más o menos en paz, así que en esta tierra no tenemos más limitaciones que las que establezcan las leyes humanas.

Quizás este sea un pensamiento simplista e infantil, pero la vela amarilla es, al desarrollar un trabajo egoíco, infantil en la ma-yoría de sus aspectos. Por eso está tan relacionada a los cumpleaños y a otros festejos más o menos infantiles. Al fin y al cabo, ¿no son todas las ambiciones humanas un reflejo de nuestra puerilidad? Tenemos y usamos muchas más cosas de las que necesitamos, ¿no es esto, una actitud infantil?

Incluso cuando nos damos cuenta de lo pequeño de nuestra condición no cejamos en nuestro, empeño de ser cada vez más grandes, de tener cada vez más cosas, de aspirar a más altas esferas jerárquicas espirituales.

Por eso, a pesar de filosofías y sesudos pensamientos, no es nada raro que recurramos a la vela amarilla para favorecernos mágicamente a través de los siguientes factores:

Plano general

- La vitalidad en general.
- La fuerza, el poder, el gobierno.
- El mando.
- El ego.
- La personalidad.

- El poder de convencimiento.
- La tradición, lo que se mantiene a través del tiempo.
- Lo grandioso, la realeza.
- La riqueza física, intelectual y espiritual.
- La apariencia sobre la esencia.
- El brillo y el resplandor.
- La capacidad de sobresalir.

En la salud

- El sistema nervioso central.
- La columna vertebral.
- El corazón.
- El estómago.
- La energía vital en general.
- La apariencia física.
- Las habilidades físicas y deportivas.
- La claridad mental.
- La temperatura corporal.
- La base y el fundamento del organismo.
- Ayuda contra todas las enfermedades, debilidades y deficiencias.
- Ayuda en todo tipo de tratamientos.

En el dinero

- Favorece todas las empresas en general.
- Incentiva las empresas ambiciosas.
- Ayuda en todo tipo de estudios e investigaciones.
- No favorece demasiado a los timoratos.

- Atrae grandes sumas de dinero.
- Protege a los hijos y a los subalternos.
- Favorece los grandes golpes de suerte, tanto en el azar como en la bolsa y los negocios.
- Soluciona todo tipo de problemas, pero es incapaz de sobreponerse a la angustia existencial.
- También da suerte en los estudios y en los puestos de responsabilidad.
- En el amor favorece principalmente a los hombres.
- Otorga atractivo y da una gran capacidad de seducción, pero no da seguridad en el amor.
- Ayuda a reforzar el ego, pero poco puede hacer contra la envidia y los celos, ya sean personales o ajenos.
- Favorece los sentimientos en la edad de oro y ayuda a las relaciones sentimentales por interés, ya sea económico o personal.
- Fortalece a los patriarcas.
- Favorece las uniones con grandes diferencias de edad, pero no favorece los amores con diferencias sociales o económicas.
- Fortalece tanto el corazón como el egoísmo.
- Ayuda a ahuyentar el fantasma de la soledad.

Espíritu

- Ilumina el camino espiritual en general.
- Incrementa la aspiración espiritual.
- Engrandece el alma.
- Favorece el acercamiento de los dioses.
- Inclina hacia la jerarquía espiritual.
- Evita el egoísmo monstruoso.
- Transforma el oro material en oro espiritual.

Analogías

- Apolo, Ra, el Sol.
- El metal brillante, el oro.
- La energía del corazón.
- Las rosas en general.
- Los perfumes fuertes y viriles.
- Los árboles selváticos.
- Las joyas en general, el diamante en particular.
- Dios y los arcángeles.
- La voz de mando.
- Las oraciones impositivas.
- Los símbolos reales.
- Las coronas y las capas.
- Los rituales pomposos o teatrales.
- Dinero en monedas o billetes.
- Cualquier símbolo de poder.
- Los domingos.

Mecánica del ritual

- Preparar el altar.
- Rezar o pedir a quien merezca nuestra devoción.
- Encender la vela preferentemente a la salida del sol, a mediodía, a la caída del sol o a medianoche.
- Escribir en un papel blanco el deseo y quemarlo con la flama de la vela, sobre todo si no se va a dejar encendida hasta que se consuma.
- La vela se puede dejar encendida hasta que se consuma, o bien dejarla encendida sólo unos minutos.

- Si se va a dejar encendida hasta que se consuma, se puede grabar sobre la misma vela el deseo que se pide.
- Una vez apagada la vela se debe destruir o tirar a la basura.
- No se debe utilizar una misma vela para dos trabajos distintos.
- Es aconsejable renovar la tierra, la sal, el aceite, el perfume, el incienso y las plantas que se colocan en el altar.
- También es aconsejable utilizar imágenes y símbolos acordes a los valores del color de la vela, y no usar símbolos e imágenes indiscriminados.

Velas mayores, velas menores

Con la vela amarilla se completa la serie de "velas mayores", es decir, de las velas básicas en el ritual de las velas. El resto de ellas ("las velas menores") profundiza en algunos aspectos y repite, en una u otra forma, los valores de las velas ya reseñadas. Eso no quiere decir que no hablemos de ellas, aunque lo haremos de una manera un poco más resumida.

Con la velas mayores se pueden cubrir las necesidades y ambiciones básicas del ser humano de nuestro tiempo, pero las velas menores ofrecen una serie de oportunidades con las que podemos ampliar o fijar más nuestros pedidos en el ritual de las velas, gracias a sus correspondencias específicas.

La vela verde oscuro

Es parecida a la vela verde normal en diversos aspectos, pero no deja de tener sus particularidades, que nos permiten acceder a nuevos conceptos en el campo de la magia para dirigir nuestras aspiraciones y deseos hacia otros derroteros.

Plano general

- La medicina y la salud.
- El detallismo.
- La virtud.
- La flexibilidad mental
- El don de la oportunidad.
- La ilustración y la intelectualidad.
- La adaptabilidad, el movimiento.
- Lo polifacético, la diversidad.
- La actividad y la vitalidad.
- Los aspectos externos de la personalidad.

En la salud

- Los intestinos.
- Los procesos digestivos.
- Los músculos de la espalda.
- La calidad del pelo.
- La glándula timo.
- La tensión cardíaca.
- La alimentación en general.
- El dominio del ritmo corporal.
- Favorece las curaciones por medio de la medicina tradicional.

En el dinero

- Favorece las pequeñas empresas.
- Incentiva las empresas relacionadas con los idiomas.

- Ayuda en las inspecciones por rigurosas que estas sean.
- Favorece las pequeñas trampas que nos permiten salir adelante.
- Incentiva las ganancias rápidas y poco duraderas.
- Favorece la economía de artesanos y artistas menores.
- Soluciona parcialmente los problemas.
- Favorece la residencia en el extranjero.
- Facilita las actividades intelectuales, pero no las científicas.
- Favorece las pequeñas ambiciones y las pequeñas economías.

Amor

- Favorece las relaciones liberales.
- Incentiva los coqueteos y las relaciones superficiales.
- Favorece la reconciliación de manera superficial.
- Incentiva la fidelidad en las parejas estables.
- Aumenta la vanidad y la autoestima.
- Da esperanza y aleja la soledad.
- Otorga más amor y confianza que pasión y sexo.
- Da suerte en el amor para las relaciones definitivas después de haber sufrido uno o más fracasos.
- Favorece las relaciones padres-hijos.

Espíritu

- Ilumina el camino espiritual y la visión.
- Inclina a la virtuosidad y a la castidad.
- Incentiva el don de la adivinación.
- Incrementa el servicio, espiritual.

- Ayuda a la iluminación en general.
- Incentiva la ascensión espiritual.

Analogías

- El Mensajero de los Dioses, Mercurio.
- El metal líquido, el mercurio.
- La energía intelectual.
- Las margaritas.
- Los perfumes juveniles.
- Los árboles de hojas perennes.
- Las piedras de color verde.
- Las ángeles y las vírgenes.
- La proyección mental.
- Las recetas y las fórmulas mágicas rápidas.
- Los miércoles.

Mecánica del ritual

- Preparar el altar.
- Rezar o pedir a quien merezca nuestra devoción.
- Encender la vela preferentemente a la salida del sol, a mediodía, a la caída del sol o a medianoche.
- Escribir en un papel blanco el deseo y quemarlo con la flama de la vela, sobre todo si no se va a dejar encendida hasta que se consuma.
- La vela se puede dejar encendida hasta que se consuma, o bien dejarla encendida sólo unos minutos.
- Si se va a dejar encendida hasta que se consuma, se puede grabar sobre la misma vela el deseo que se pide.

- Una vez apagada la vela se debe destruir o tirar a la basura.
- No se debe utilizar una misma vela para dos trabajos distintos.
- Es aconsejable renovar la tierra, la sal, el aceite, el perfume, el incienso y las plantas que se colocan en el altar.
- También es aconsejable utilizar imágenes y símbolos acordes a los valores del color de la vela, y no usar símbolos e imágenes indiscriminados.

La vela azul intenso

Tiene diversas similitudes con la vela azul, pero incentiva más los aspectos artísticos y se inclina más hacia los placeres de la vida que al amor conyugal.

Estos son los aspectos en que puede favorecernos al realizar el ritual de las velas.

Plano general

- El arte.
- El equilibrio.
- La habilidad manual.
- Las sociedades y los compromisos sociales.
- La capacidad de servir y ayudar a los demás.
- La cortesía y la diplomacia.
- El placer de vivir y los placeres de la vida.
- La vanidad y el arreglo personal.
- La estática y lo decorativo.
- Lo práctico y lo concreto.
- Lo inmediato y el ingenio.

En la salud

- Los riñones.
- La zona lumbar de la columna vertebral.
- El estado de la piel.
- Los músculos de la espalda.
- El sueño físico.
- Las neurosis, la irritación y las ansiedades.
- Las habilidades gimnásticas.
- Las sensaciones placenteras.
- El sentido musical y artístico.
- El dominio del ritmo corporal.
- Ayuda contra los problemas renales y urinarios.
- Mejora el estado general del organismo a través del sueño y la relajación.
- Ayuda contra todo tipo de problemas dermatológicos.

En el dinero

- Favorece las sociedades.
- Incentiva las empresas relacionadas con el arte en general.
- Incrementa los rendimientos de las empresas dedicadas a la vanidad personal, como la cosmética la decoración, la moda y la bisutería o la joyería.
- Favorece los trabajos administrativos, sobre todo si están relacionados con las instituciones estatales.
- Mejora la situación económica de los trabajos manuales.
- Atrae la fortuna en premios no económicos, como los de ganar viajes, automóviles, etcétera.
- Solidifica la posición personal ante el trabajo.
- Ayuda más al trabajo que al estudio.

- Dentro de la economía, la vela azul intenso se comporta como, un pequeño pero efectivo benefactor.

Amor

- Favorece más los placeres que el amor propiamente dicho.
- Disminuye la irritación de las parejas.
- Protege las relaciones formales.
- Atrae el amor por medio de las apariencias.
- Ayuda a superar los complejos personales.
- Aumenta la sensibilidad sensorial en el amor y el sexo.
- Otorga durabilidad a las parejas, pero no soluciona los problemas internos.

Espíritu

- Prepara el camino espiritual.
- Acerca al hombre a su realidad como ser.
- Abre una luz hacia la renunciación material.
- Incentiva el genio y el ingenio, y permite que las inteligencias espirituales tomen forma en el mundo físico.
- Ilumina el talento y la inspiración.
- Ilumina las uniones en los planos material, intelectual y espiritual.

Analogías

- El Dios de la Sensibilidad, Eros.
- El metal transmisor, el cobre.

- La energía interior.
- Los claveles.
- Los perfumes exóticos.
- Los árboles de jardinería.
- Las piedras de color azul intenso.
- Las dioses hogareños y los santos conversos.
- Los collares y los pendientes.
- Los rituales de talante religioso.
- Los viernes.

Mecánica del ritual

- Preparar el altar.
- Rezar o pedir a quien merezca nuestra devoción.
- Encender la vela preferentemente a la salida del sol, a mediodía, a la caída del sol o a medianoche.
- Escribir en un papel blanco el deseo y quemarlo con la flama de la vela, sobre todo si no se va a dejar encendida hasta que se consuma.
- La vela se puede dejar encendida hasta que se consuma, o bien dejarla encendida sólo unos minutos.
- Si se va a dejar encendida hasta que se consuma, se puede grabar sobre la misma vela el deseo que se pide.
- Una vez apagada la vela se debe destruir o tirar a la basura.
- No se debe utilizar una misma vela para dos trabajos distintos.
- Es aconsejable renovar la tierra, la sal, el aceite, el perfume, el incienso y las plantas que se colocan en el altar.
- También es aconsejable utilizar imágenes y símbolos acordes

a los valores del color de la vela, y no usar símbolos e imágenes indiscriminados.

La vela marrón

Todos los colores oscuros, incluido el marrón, no suelen ser recomendables para las personas con exceso de sensibilidad o con una mente demasiado débil e influenciable.

La vela marrón, además, no es recomendable para las personas demasiado fantasiosas ni para aquellas que deseen justificar sus errores con la magia, y mucho menos para los que crean que la magia los puede hacer más poderosos que el resto de la humanidad.

La vela marrón, a pesar de todo, puede ayudarnos en los factores siguientes.

Plano general

- La fortaleza personal.
- El sexo.
- La muerte.
- Los cambios cien por ciento radicales.
- La fantasía.
- Lo profundo y lo secreto.
- El miedo y lo desconocido.
- El temperamento.
- El egoísmo.
- Lo policial y lo militar.
- Los grandes riesgos y los grandes peligros.

En la salud

- Los órganos sexuales.
- El intestino grueso y el recto.
- El sistema circulatorio.
- El hueso sacro.
- Las glándulas suprarrenales.
- La vesícula biliar.
- Protege contra los accidentes graves.
- Protege contra toda clase de peligros físicos.
- Ayuda a equilibrar los apetitos corporales, o a incentivar la sexualidad en caso de problemas de inhibición o impotencia.
- Fortalece el sistema inmunológico y protege contra las intoxicaciones, la asfixia y los envenenamientos.
- Fortalece el tono vital, la energía y la fuerza corporal.
- Protege contra todo tipo de enfermedades venéreas.

En el dinero

- Favorece las empresas relacionadas con el sexo.
- También favorece ciertos aspectos artísticos.
- Ayuda a los negocios que funcionan de noche.
- Favorece las empresas y los negocios relacionados con la química, la anestesia y la farmacología.
- Favorece en todo lo relacionado con la policía, o la milicia.
- Ayuda más a la tenacidad que a la suerte.
- Otorga ganancias en situaciones caóticas.
- Otorga ganancias a través de negocios que casi nadie haría.

- También favorece a todo lo que está relacionado, de una o de otra manera, con la muerte.

Amor

- La vela marrón no es una vela de amor, sino de sexo, por lo que no favorece, la estabilidad emotiva, sino la sexualidad.
- Favorece los romances y los amasiatos.
- Atrae al ser amado por medio del sexo.
- Por lo demás, la vela marrón no ayuda a las relaciones amorosas y puede convertirse más en un obstáculo que en una ayuda.

Espíritu

- Ilumina el camino espiritual en el trance de la muerte.
- Ilumina la profundidad del pensamiento.
- Libera al ser humano de sus apetitos carnales.
- Aleja al ser humano de los excesos.
- Ahuyenta las sombras de la destrucción y la autodestrucción.
- Vence las tinieblas del egoísmo monstruoso.
- Otorga fertilidad al espíritu.

Analogías

- El Dios de las Profundidades, Plutón.
- El metal de las armas, el acero.
- La energía sexual.

- Las flores venenosas.
- Los perfumes penetrantes y fuertes.
- Los cipreses.
- El carbón.
- Los demonios sometidos.
- Las armas y los símbolos de guerra.
- La catarsis, la concentración.
- Los martes y los días tempestuosos.

Mecánica del ritual

- Preparar el altar.
- Rezar o pedir a quien merezca nuestra devoción.
- Encender la vela preferentemente a la salida del sol, a mediodía, a la caída del sol o a medianoche.
- Escribir en un papel blanco el deseo y quemarlo con la flama de la vela, sobre todo si no se va a dejar encendida hasta, que se consuma.
- La vela se puede dejar encendida hasta que se consuma, o bien dejarla encendida sólo unos minutos.
- Si se va a dejar encendida hasta que se consuma, se puede grabar sobre la misma vela el deseo que se pide.
- Una vez apagada la vela se debe destruir o tirar a la basura.
- No se debe utilizar una misma vela para dos trabajos distintos.
- Es aconsejable renovar la tierra, la sal, el aceite, el perfume, el incienso y las plantas que se colocan en el altar.
- También es aconsejable utilizar imágenes y símbolos acordes a los valores del color de la vela, y no usar símbolos e imágenes indiscriminados.

La vela granate

La vela granate es muy parecida a la vela roja, sólo que es más religiosa y más amante de los rituales eclesiásticos. Por otra parte, tiende más a la expansión, al sacrificio personal y a la solidaridad.

El único problema que presenta es que tiende demasiado al fanatismo y al rechazo del mundo real y cotidiano.

Piano general

- La religiosidad.
- La filosofía.
- El sacrificio.
- Los viajes.
- Las misiones humanitarias y espirituales.
- La jerarquía y las leyes.
- Las instituciones.
- La sumisión y la humildad.
- La obediencia.
- Los aspectos místicos del ser humano.

En la salud

- Los músculos en general.
- Piernas y glúteos en particular.
- Las capacidades físicas y espirituales.
- El estado de ánimo.
- El nerviosismo.

- La capacidad de sacrificio físico.
- La protección física a nivel general.
- Ayuda contra los problemas de circulación sanguínea, como las varices y las hemorroides.
- Evita los excesos físicos, mentales y espirituales.

En el dinero

- Favorece las empresas relacionadas con las leyes.
- Favorece los negocios relacionados con la religión.
- Favorece los negocios relacionados con la política y con todos aquellos que reúnan un gran número de gente, desde los espectáculos hasta el deporte.
- La vela granate nos protege en todos los aspectos económicos y financieros.

Amor

- Favorece los amores santificados por las distintas iglesias.
- También favorece a las personas que se unen a tal o cual iglesia, es decir, a los que se casan con una religión.
- Incrementa la solidaridad y el humanitarismo.
- Incrementa la capacidad de sacrificio y entrega en la relación.
- La vela granate también es una magnífica protectora del amor estable en general y ayuda a encontrar la pareja "ideal" para la convivencia.

Espíritu

- Ilumina el camino espiritual en general.
- Protege al espíritu en su andadura por el sendero.
- Otorga la certeza de la vida espiritual.
- Incrementa la religiosidad.
- Disminuye la superstición y ahuyenta los ritos blasfemos.
- Acerca el espíritu a las jerarquías celestiales.

Analogías

- El Gran Protector, Júpiter.
- El metal que une, el estaño.
- La energía del Espíritu.
- Los crisantemos.
- El incienso.
- Los árboles de hoja caduca.
- El rubí.
- Dios.
- Los símbolos de mando y jerarquía.
- El rito eclesiástico.
- El jueves.

Mecánica del ritual

- Preparar el altar.
- Rezar o pedir a quien merezca nuestra devoción.
- Encender la vela preferentemente a la salida del sol, a mediodía, a la caída del sol o a medianoche.

- Escribir en un papel blanco el deseo y quemarlo con la flama de la vela, sobre todo si no se va a dejar encendida hasta, que se consuma.
- La vela se puede dejar encendida hasta que se consuma, o bien dejarla encendida sólo unos minutos.
- Si se va a dejar encendida hasta que se consuma, se puede grabar sobre la misma vela el deseo que se pide.
- Una vez apagada la vela se debe destruir o tirar a la basura.
- No se debe utilizar una misma vela para dos trabajos distintos.
- Es aconsejable renovar la tierra, la sal, el aceite, el perfume, el incienso y las plantas que se colocan en el altar.
- También es aconsejable utilizar imágenes y símbolos acordes a los valores del color de la vela, y no usar símbolos e imágenes indiscriminados.

La vela anaranjada

La vela anaranjada tiene efluvios de la vela amarilla, y muchos magos la prefieren a ésta porque es más frugal y tiene más capacidades curativas.

A través de la vela anaranjada, representante de la disciplina, se puede ascender la montaña más alta y llegar a la cima de la evolución espiritual, pero también representa el riesgo del poder que marea con su vértigo atrayéndonos hacia la caída, con lo que tendríamos que recorrer de nuevo el sendero.

La vela anaranjada es más escueta que otras, y estos son los factores en que nos favorece:

Plano general

- La ascensión.
- La frugalidad y la disciplina.
- El poder.
- La tenacidad.
- La sequedad.
- La austeridad.
- La avaricia.
- Lo lejano.
- La fuerza de voluntad.
- La alta magia.
- La vejez.
- La sabiduría.

En la salud

- Los huesos en general.
- El curanderismo, la imposición de manos, la cura magnética, etcétera.
- Las rodillas.
- Los dientes.
- Las articulaciones.
- La longevidad.
- Las enfermedades crónicas.
- Ayuda contra la anemia, la descalcificación y contra todos los males degenerativos o crónicos.
- Favorece el curanderismo en todos sus aspectos y contra todas las enfermedades.
- El autodominio de las fuerzas interiores de mente y cuerpo.

En el dinero

- Favorece los centros de poder.
- Favorece la acumulación de dinero.
- Incentiva la economía de los más mayores.
- Protege los ahorros y los bienes.
- Asciende sobre los mismos problemas y ayuda a convertir en un triunfo final las derrotas parciales.
- Atrae la fortuna aún sin desearla.
- La luz de la vela anaranjada incrementa al unísono los valores materiales y espirituales de la persona.
- La vela anaranjada es una vela de poder, pero no es recomendable entregarse por completo a ella, ya que nos deja de favorecer en cuanto dejamos de tener los pies sobre la tierra.

Amor

- Favorece el amor en la vejez.
- Atrae la soledad.
- Protege las relaciones muy tradicionales.
- Logra las uniones más difíciles y hace posibles los amores imposibles, pero no garantiza su felicidad.
- Favorece los amores secretos y platónicos.
- Favorece los amores en los que no hay sexo de por medio.

Espíritu

- Ilumina el camino espiritual en la ascensión.
- Ayuda a soportar el peso del mundo y la materia.

- Eleva el espíritu a través de la tierra.
- Ilumina los últimos momentos de la vida terrenal.
- Ayuda a liberamos de la reencarnación y las obligaciones del karma.
- Reviste de materia la fuerza del espíritu.

Analogías

- El Padre del Tiempo y de los Dioses, Saturno.
- El metal impenetrable, el plomo.
- La energía telúrica.
- Las flores del desierto.
- Los perfumes secos.
- El olmo.
- Las piedras comunes.
- La eternidad.
- Las reliquias.
- Los rituales secretos.
- Los grimorios.
- Los sábados.

Mecánicas del ritual

- Preparar el altar.
- Rezar o pedir a quien merezca nuestra devoción.
- Encender la vela preferentemente a la salida del sol, a mediodía, a la caída del sol o a medianoche.
- Escribir en un papel blanco el deseo y quemarlo con la flama de la vela, sobre todo si no se va a dejar encendida hasta, que se consuma.

- La vela se puede dejar encendida hasta que se consuma, o bien dejarla encendida sólo unos minutos.
- Si se va a dejar encendida hasta que se consuma, se puede grabar sobre la misma vela el deseo que se pide.
- Una vez apagada la vela se debe destruir o tirar a la basura.
- No se debe utilizar una misma vela para dos trabajos distintos.
- Es aconsejable renovar la tierra, la sal, el aceite, el perfume, el incienso y las plantas que se colocan en el altar.
- También es aconsejable utilizar imágenes y símbolos acordes a los valores del color de la vela, y no usar símbolos e imágenes indiscriminados.

La vela gris

Hay pocas velas grises en el mercado, pero muchas velas blancas recubiertas de metales grises con aberturas en forma de cruz para darles la fuerza de este color.

La vela gris representa al Cristo cósmico y universal, al Mesías que todos los pueblos esperan, al hijo de Dios que todos llevamos dentro, a la luz divina de nuestra vela interior.

La vela gris se inclina más hacia la ciencia que hacia la magia, a la historia que a la leyenda, a la realidad que a la fantasía, pero eso no impide que nos favorezca en los siguientes aspectos:

Plano general

- La mente y la inteligencia.
- La ciencia.

- El futuro lejano y el pasado remoto.
- Lo excéntrico y lo original.
- Lo revolucionario.
- Los inventos y las investigaciones.
- El espacio.
- Lo explosivo.
- Las fuerzas que el hombre aún no es capaz de dominar.

En la salud

- Los nuevos procesos médicos y curativos.
- El cerebro, el oído, y los ojos.
- La organización de todo el organismo.
- Las pantorrillas y los tobillos.
- La fuerza mental.
- El sentido de la realidad.
- Longevidad y salud siempre que nuestra mente tenga el alimento intelectual suficiente y necesario.
- El dominio de la mente sobre el resto de procesos orgánicos.
- El sentido del olfato y otros sentidos aún desconocidos por el ser humano.

En el dinero

- Favorece las empresas revolucionarias, distintas y originales.
- Incentiva las empresas relacionadas con la informática, la tecnología y la ciencia.
- Ayuda en todo tipo de investigaciones.

- Favorece todo tipo de trabajo intelectual.
- Ayuda al desarrollo individual de la persona.
- Por lo demás, la vela gris está muy poco relacionada con el azar y el dinero en general, ya que sus aspiraciones no se dirigen por este rumbo.

Amor

- Favorece las relaciones revolucionarias, distintas, excéntricas y originales.
- Incrementa la filantropía.
- Ayuda a romper la frialdad y el desamor.
- Incentiva el amor más allá de los conceptos humanos.
- Aparte de estos valores, la vela gris no tiene casi nada que ver con el concepto de amor tradicional y a menudo tiende de hacia el amor universal o, bien, incrementa, el amor hacia la soledad.

Espíritu

- Ilumina el camino espiritual interior.
- Individualiza y desmasifica al ser.
- Abre una luz de esperanza sobre las posibilidades de la humanidad.
- Ilumina nuestro origen divino.
- Otorga, luz sobre el pasado, el presente y el futuro.
- Convierte los sueños en realidad.
- Arroja luz para que el hombre llegue, a ser verdaderamente un ser humano.

Analogías

- El Dios Inestable, Urano.
- El metal radiactivo, el uranio.
- La energía nuclear.
- Las flores creadas por la habilidad artesanal del hombre.
- Los perfumes ricos en esencias.
- Los bonsai.
- Las piedras de colores tornasolados.
- La misma esencia del hombre.
- La fuerza mental.
- La cruz.
- Los símbolos geométricos y matemáticos.
- Los sábados.

Mecánicas del ritual

- Preparar el altar.
- Rezar o pedir a quien merezca nuestra devoción.
- Encender la vela preferentemente a la salida del sol, a mediodía, a la caída del sol o a medianoche.
- Escribir en un papel blanco el deseo y quemarlo con la flama de la vela, sobre todo si no se va a dejar encendida hasta, que se consuma.
- La vela se puede dejar encendida hasta que se consuma, o bien dejarla encendida sólo unos minutos.
- Si se va a dejar encendida hasta que se consuma, se puede grabar sobre la misma vela el deseo que se pide.
- Una vez apagada la vela se debe destruir o tirar a la basura.

- No se debe utilizar una misma vela para dos trabajos distintos.
- Es aconsejable renovar la tierra, la sal, el aceite, el perfume, el incienso y las plantas que se colocan en el altar.
- También es aconsejable utilizar imágenes y símbolos acordes a los valores del color de la vela, y no usar símbolos e imágenes indiscriminados.

La vela rosada

La vela rosada es la abanderada del enamoramiento y se recurre a ella siempre que hay un problema o deseo amoroso, pero esa no es su única virtud.

Por supuesto, tiene antecedentes en la vela roja y en la vela granate, con las que comparte pasionalidad y sentido del sacrificio, además de impulso y expansión, es la vela de los grandes talentos y las grandes empresas, de la música y las profundidades del mar, por lo que puede favorecernos en los siguientes aspectos:

Plano general

- El talento y el genio.
- La sensibilidad y la emotividad.
- El amor y el enamoramiento.
- La atracción física.
- Los grandes viajes y las grandes empresas.
- El encierro y la dedicación.
- El cuidado de los enfermos.
- Las tentaciones y las limitaciones.

- El conflicto y la duda.
- Los aspectos más contradictorios del ser humano.

En la salud

- El sistema glandular en general.
- El hígado en particular.
- El tono muscular.
- Los pies.
- El equilibrio mental.
- Las tentaciones, los excesos y los vicios.
- Las habilidades físicas y artísticas en su máxima expresión.
- Los cinco sentidos y el sentido de la intuición.
- La capacidad pulmonar.
- La resistencia corporal.

En el dinero

- Favorece las grandes empresas.
- Incentiva las empresas relacionadas con el arte y los grandes espectáculos: danza, música, pintura, teatro, etcétera.
- Favorece la especulación y las subastas.
- Favorece el lujo a nivel general.
- Otorga grandes ganancias y grandes pérdidas.
- Favorece a los que se dedican o quieren dedicarse a la política.
- Favorece todo lo relacionado con el talento y el genio, pero carece de fuerza para superar los obstáculos, incluso los menos graves.

Amor

- Favorece el amor en todos sus aspectos, pero no promete la fidelidad ni la correspondencia eterna.
- Ahuyenta las penas amorosas y atrae nuevos amores.
- Otorga atractivo, y simpatía.
- Atrae al ser amado y es capaz de lograr su atención y hasta su enamoramiento.
- Despierta las tentaciones y rompe las limitaciones.
- Ayuda a recuperar al ser amado.
- Ayuda a lograr la reconciliación.
- Protege a los enamorados, pero no es capaz de proteger los matrimonios.

Espíritu

- Ilumina el camino hacia las musas de la inspiración.
- Da luz al talento y las cualidades del Espíritu.
- Rompe el encierro interior.
- Libera el pensamiento y el Espíritu de la materia.
- Abre las puertas de la intuición, la sensibilidad y las fuerzas internas.
- Abre las puertas del Espíritu.

Analogías

- El Dios de los Mares, Neptuno.
- El coral.
- La energía espiritual.
- Las flores acuáticas.

- Los perfumes marítimos.
- Los árboles que crecen junto al mar.
- Las conchas del mar.
- Los mártires de reclusión y las cruces.
- Las invocaciones, las oraciones y los rezos.
- Los jueves.

Mecánica del ritual

- Preparar el altar.
- Rezar o pedir a quien merezca nuestra devoción.
- Encender la vela preferentemente a la salida del sol, a mediodía, a la caída del sol o a medianoche.
- Escribir en un papel blanco el deseo y quemarlo con la flama de la vela, sobre todo si no se va a dejar encendida hasta, que se consuma.
- La vela se puede dejar encendida hasta que se consuma, o bien dejarla encendida sólo unos minutos.
- Si se va a dejar encendida hasta que se consuma, se puede grabar sobre la misma vela el deseo que se pide.
- Una vez apagada la vela se debe destruir o tirar a la basura.
- No se debe utilizar una misma vela para dos trabajos distintos.
- Es aconsejable renovar la tierra, la sal, el aceite, el perfume, el incienso y las plantas que se colocan en el altar.
- También es aconsejable utilizar imágenes y símbolos acordes a los valores del color de la vela, y no usar símbolos e imágenes indiscriminados.

Una vela para cada tiempo

Cada año que pasa la luz del sendero, se renueva para iluminar nuevos caminos. Cada año que pasa, aunque sea una medida más o menos arbitraria del hombre, los ciclos del pasado dejan paso a los ciclos del presente y el futuro.

No importa la fecha en que cada cultura señale el comienzo del nuevo ciclo, lo importante es que cada cultura se haya preocupado dc scñalarlo.

Los ciclos de la vida y la naturaleza han sido el parangón básico de las medidas temporales del hombre. La luna cambia su fisonomía cada siete días, el sol renueva su compromiso de luz diariamente, las estrellas y los planetas se posan sobre el firmamento cíclicamente. El más regular de los planetas ha sido Júpiter, y en él se han basado diversas culturas para señalar el principio de un nuevo ciclo.

Cada año Júpiter ingresa en una constelación diferente y en ella permanece durante todo un año, es decir, durante 52 fases lunares y 365 ciclos solares. Esta posición se repite cada doce años con pequeñas diferencias de tiempo.

Pues bien, la andadura de Júpiter y el comienzo de cada ciclo anual señalado por su paso, inciden en el color de la vela que dominará dicho período de tiempo.

Por ello cada vez que comienza un año nuevo es importante tener en cuenta que los sucesos mundiales y personales estarán dominados por los aspectos y analogías pertenecientes a dicha vela. Encender una vela del color adecuado cada comienzo de año nos protegerá y nos pondrá en sintonía con los factores que ilumina precisamente esa vela.

Lo único que nos hace falta saber es qué vela corresponde a cada año.

La vela blanca

La vela blanca, como ya hemos dicho en un principio, es válida para todo porque en ella se contienen todos los colores del arco visual, es decir, que basta encender una vela blanca cada principio de año para recibir la protección lumínica necesaria en nuestros avatares.

El ritual de encender una vela blanca cada principio de año constituye un acto de iluminación y renacimiento anual. El momento idóneo para hacerlo es a las doce de la noche, justo cuando el año viejo da paso al año nuevo.

El ritual es similar al de comer doce uvas siguiendo las campanadas, o al de ponerse ropa interior roja para recibir el año nuevo, porque en todo ritual de principio de año se busca obtener suerte en la salud, el dinero y el amor para los doce meses siguientes.

A la vela blanca, cuando la encendernos en representación de otras velas, no hace falta pedirle algo en especial, ella irradia su luz sobre todos los aspectos de nuestra vida cotidiana, incentivando principalmente los que corresponden al año en curso.

La vela negra

La vela negra no es una vela precisamente alegre y los prejuicios hacen que su uso sea prácticamente nulo, o bien que se utilice sólo dentro del negativo mundo de la magia negra.

De cualquier manera, y al igual que la vela blanca, se puede utilizar para fines positivos durante casi todo el año siguiendo las distintas fases de la luna, pero, a diferencia de ésta, no es recomendable usarla para iniciar el año, ya que su ciclo es de término y no de comienzo, de reencarnación y más allá, y no de renacimiento y cercanía.

La vela negra tampoco es polivalente, aunque para algunos trabajos de sensibilización pueda sustituir o ser acompañada de la vela blanca, o sustituir plenamente a las velas lila y marrón.

El ciclo en que es más recomendable su encendido es la noche anterior a la celebración del cumpleaños, para reducir los karmes negativos que arrastramos de otras vidas.

También funciona en este sentido cuando residimos en un país extranjero: encendiéndola una noche antes del cumpleaños para suavizar los karmes negativos que arrastramos de nuestra vida en el país natal.

El resto de las velas siguen un orden más específico de acuerdo a las correlaciones simbólicas que se establecen debido a su color, como veremos a continuación.

La vela roja

La vela roja se relaciona con los ciclos de la fuerza del amanecer, el principio luminoso del mundo, la promesa solar, el nacimiento, el impulso, la pasión y del fuego.

Todo ello hace que las fechas y horas más indicadas para encenderla sean las siguientes:

Año

1903	1915	1927	1939
1941	1953	1965	1977
1999	2011	2023	2035

Estación

Primavera principalmente, aunque también es propicio encender la vela roja cada solsticio de verano y de invierno.

De la misma manera, cada vez que se desee iniciar algo: un negocio, un amor, un tratamiento de salud, etc., la vela roja es la indicada para dar luz al comienzo, al ciclo de nuestras ambiciones y deseos.

Sexo

La vela roja es una vela especialmente masculina, por eso ayudará más a los hombres y será más efectiva si es encendida por un hombre.

El ciclo sexual del hombre es más propicio para la vela roja, ya que comparte con ella vitalidad y virilidad.

Mes

El mes de abril es el más propicio para la vela roja, por lo que es muy recomendable encender una vela roja cada vez que comience este mes.

Esto no impide que la vela roja sea de utilidad y ayuda mágica los meses de agosto y diciembre; y de cierta ayuda, sobre todo sexual y pasional, el mes de noviembre.

Día

El martes es el día de la vela roja sobre todo cuando se hacen trabajos mágicos de protección contra los peligros reales y las malas influencias.

Al igual que en los meses, la vela roja sirve de apoyo los jueves y domingo, especialmente en los trabajos de devoción y religión indistintamente.

Hora

Si nccesitamos hacer un trabajo mágico cualquier día que no sea martes y que no se encuentre en el año y mes descritos, es muy útil saber que la vela roja puede encenderse diariamente al amanecer, entre las seis y las ocho de la mañana, o en las dos horas posteriores a la salida del sol. Encenderla a otra hora le haría perder su potencia y su fuerza al no encontrar correspondencia horaria con sus valores simbólicos.

La vela azul

La vela azul está relacionada con los ciclos de solidificación, constancia, tenacidad, paciencia, ahorro y realismo. Los ciclos en que la semilla va creciendo y tomando forma, a la vez que entierra sus raíces para mantenerse firme ante la adversidad.

Por todo ello la vela azul debe encenderse preferentemente durante las siguientes etapas.

Año

1904	1916	1928	1940
1952	1964	1976	1988
2000	2012	2024	2036

Estación

La vela azul también funciona durante la primavera, sobre todo a mediados de ésta, es decir, a partir del 21 de abril hasta el 21 de mayo aproximadamente.

La vela azul es una herramienta de protección y trabajo, por eso se recomienda que se encienda para ayudar a cuestiones que ya se encuentren en proceso de solidificación, y no en cuestiones que empiezan.

Incluso si se quiere frenar un poco una situación que empieza a desbordarnos por su propia fuerza, la vela azul puede interrumpir y/o equilibrar esta expansión.

La vela azul funciona mejor sobre todas aquellas cosas que se encuentran en proceso de formación y ayuda a darles cara y ojos, base y fundamento.

Sexo

La vela azul es básicamente femenina, por eso funcionará mejor si es encendida por una mujer y si su fuerza mágica se dirige sobre las mujeres o sobre los aspectos femeninos de la vida.

No hay que olvidar que la vela azul responde mejor a la fuerza de los valores de constancia, paciencia, reflexión y sensualidad que poseen las mujeres, y que es tan poco frecuente en los hombres.

Mes

El mes de mayo es el mes por excelencia de la vela blanca, por lo que gozaremos de su protección si cada principio de mayo encendemos una vela de este color.

También ayuda a dar cuerpo y firmeza a las situaciones encendiéndola durante los meses de septiembre y enero, y es un buen punto de afirmación y equilibrio artístico y amoroso si la encendemos durante el mes de octubre.

Día

El viernes es el día de la vela azul, día en que se hace recuento de lo realizado en la semana y en el que nos disponemos a disfrutar de la libertad de las formas y las obligaciones.

También sirve de apoyo mágico si se enciende el miércoles, ya que ayuda a encauzar la natural dispersión de dicho día.

Hora

Si se desea realizar un ritual mágico con la vela azul cualquier día del año, su encendido se debe hacer entre las 8 y las 10 de la mañana.

También es efectiva, aunque en menor medida, si se enciende durante la caída del sol, es decir, entre las 6 y las 8 de la tarde.

Los viernes, día de la vela azul, y durante el mes de mayo, ciclo lunar básico de esta vela, se puede encender a cualquier hora.

La vela verde

La vela verde conecta con los ciclos de comunicación, diversificación, dispersión y acomodo de las cosas. Los ciclos de hablar y oír lo que la mente contiene y capta, de adaptar y de bocetar la apariencia, hacen que su encendido sea más efectivo durante los siguientes períodos.

Año

1905	1917	1929	1941
1953	1965	1977	1989
2001	2013	2025	2037

Estación

La vela verde también se desarrolla mejor durante la primavera, especialmente durante el tercer ciclo de ésta.

El mayor florecimiento, o la primera, y atractiva apariencia de las cosas, están dadas por la vela verde. Con el ciclo de la vela verde llega el frío al sur del planeta y el calor al norte del mismo, y tanto las cosas como los eventos y los seres deben adaptarse a los nuevos climas y a las nuevas condiciones que estos comportan.

La vela verde también está relacionada con la escasa durabilidad de las cosas, como lo es la apariencia de las flores.

Encenderla durante la primavera nos ayudará a adaptarnos a las nuevas situaciones y a ser más tolerantes, tanto con nuestros errores como con nuestros deseos.

La vela verde nos da una visión más clara de lo que realmente queremos y nos permite rectificar los impulsos iniciales y los trabajos que estos comportan para ser llevados a cabo.

Sexo

La vela verde puede ser masculina o femenina, incluso puede representar a las personas que se sienten atraídas por su propio sexo o que no están a gusto con el cuerpo y género que les ha tocado en esta vida. En otras palabras, la vela verde puede ser encendida por cualquier persona, independientemente de su género o inclinaciones sexuales.

Mes

El mes de junio es el mes en que la vela verde funciona con mayor fuerza, ya que durante este mes nos empezamos a abrir a los demás, incluidas las fuerzas internas y externas que por regla general nos pasan desapercibidas.

La vela verde nos comunica con los dioses, tanto para hablarles como para escucharles, y el mes de junio es el más indicado para hacerlo.

Encender una vela verde cada inicio de junio es como abrir una línea directa entre lo interno y lo externo.

La vela verde también es un apoyo mágico de comunicación

si la encendemos durante los meses de octubre y febrero. Y un refuerzo si lo hacemos durante el mes de septiembre.

Día

El miércoles es el día de la vela verde, y durante éste podemos encenderla a cualquier hora y en cualquier momento para llamar a los dioses y hacerles llegar nuestros pedidos.

La vela verde, tan relacionada con la movilidad y adaptabilidad, tiene algo que ver con el resto de los días, durante los cuales favorece la correspondencia, los mensajes, los comunicados, los avisos y las noticias de manera positiva, ya que posee la capacidad de desbloquear los canales por donde discurren.

Hora

Como señalamos unas líneas antes la vela verde es capaz de ayudar a las velas y aspectos relacionados con éstas durante los distintos días de la semana si la encendemos junto a ellas.

No hay que olvidar, de cualquier manera, que la vela verde no es una vela de poder, sino una vela mediadora, una vela puente, por lo que podemos pedirle más fluidez, pero no más potencia.

La hora de la vela verde para cada día del año transcurre entre las 10 y las 12 de la mañana.

La vela lila

La vela lila está fuertemente relacionada con los ciclos lunares, al igual que las velas blanca y negra. Con ello observamos inmediatamente que los ciclos de la maternidad, la sensibilidad, la ternura, el cuidado, las mareas y el magnetismo, están en su sino.

Quizá no sea tan fuerte como las velas blanca y negra, tan directa y polivalente, pero tiene una serie de valores que nos ayudan a mejorar nuestra sensibilidad y trabajos mágicos si la encendemos durante las siguientes épocas.

Año

1906	1918	1930	1942
1954	1966	1978	1990
2002	2014	2026	2038

Estación

Con la vela lila se abre el mes más luminoso del año para el hemisferio norte y el más frío para el hemisferio sur. Su color oscuro y la brillantez de su llama hacen un contraste que penetra en el ánimo de los seres. Es la luz que brota de las mismas sombras, es la luz que acaba con el conflicto y abre la puerta de la sensibilidad.

Con la vela lila se da forma a los mensajes de los dioses, por eso es recomendable encenderla al inicio del verano.

Sexo

La vela lila al ser maternal es obviamente femenina. Por ello es preferible que sea encendida por una mujer que sea madre.

Un hombre casero y paternal también es adecuado para encenderla, aunque nunca alcanzará los niveles de sensibilidad que le puede imprimir una madre.

En suma, la vela lila protege principalmente a las madres, y después al hogar, la patria, el pueblo, los familiares, las mascotas, los hijos, la fertilidad, el crecimiento y todo lo que sea impulsado y generado por la fuerza vital femenina.

Mes

El mes de julio, obviamente, es el más indicado para encender la vela lila, ya que durante la celebración del fuego celeste es cuando más brilla el esplendor del agua.

La vela lila también incentiva la sensibilidad del operador si enciende esta vela durante los meses de noviembre y marzo, sobre todo en aspectos relacionados con la magia o la familia.

Encender una vela lila al inicio de cada verano nos promete una estación llena de protección y movimiento.

Día

El lunes es el Día por excelencia de la vela lila, y en cierta forma nos ayuda a romper las tinieblas que se nos presentan cada vez que tenemos que iniciar la semana.

Además del lunes, todos los días de luna llena y luna nueva, así como los días en que se dan los eclipses de sol y de luna, son muy propicios para recibir la protección mágica de la vela lila.

Los mejores trabajos mágicos de fecundidad y fertilidad se realizan bajo la influencia de la vela lila durante estos días.

Hora

Para encender una vela lila todos los días del año sin esperar que estos sean lunes o marcadamente lunares la hora indicada para hacerlo es la que transcurre entre las 12 del día y las 2 de la tarde.

Además, al igual que las velas blanca y negra, la vela lila puede encenderse, perfectamente y sin temor a que mengüe su poder a las doce de la noche.

La vela amarilla

Nada más parecido al sol que la luminosidad de la vela amarilla. Y si el sol es su analogía básica, no es raro, que la, vela amarilla se relacione con los ciclos solares.

El ciclo diario, el ciclo anual, los cambios de las estaciones, los solsticios y los equinoccios, el mediodía, la salida y la caída del sol, incluso el movimiento horario está en concordancia con la vela amarilla que también incide en los ciclos de iluminación material y espiritual, ya que es la vela de la aspiración, del hombre jerárquico que se siente a sí mismo como la mitad de Dios.

Por todo ello la vela amarilla, tendrá más poder si es encendida durante las siguientes eras.

Año

1907	1919	1931	1943
1955	1967	1979	1991
2003	2015	2027	2039

Estación

La vela amarilla funciona mejor durante la parte meridional del verano, ya que posee la fuerza del calor del sol en el hemisferio norte y la grata tibieza del sol invernal en el hemisferio sur.

Esto no impide que la vela amarilla tenga una gran influencia en todos las estaciones, sobre todo en las etapas intermedias de éstas.

Una época tradicionalmente recreativa como ésta es incentivada por la luz de la vela amarilla, que nos permite conseguir logros sorprendentes mientras otros se relajan.

La alegría de vivir vuelve con la luz de la vela amarilla cada verano, incidiendo en nuestro ego y tanto en nuestros deseos materialistas exteriores como en nuestras aspiraciones espirituales interiores.

Sexo

La vela amarilla es masculina, pero adquiere mayor fuerza si es encendida por un hombre joven o por un niño, ya que en ella se encuentran reflejados los potenciales de la inocencia, la diversión, la imaginación y el deseo de crecer.

Otras manos especialmente indicadas para encender esta vela son las de las personas que ya tengan una cierta posición de poder o mando, ya que la vela amarilla también está ínti-mamente relacionada con el orgullo, el asentamiento personal y la riqueza.

Mes

El mes de agosto es el mes de la vela amarilla. Durante este período puede ser encendida cualquier día y en cualquier momento para aumentar el poder de la exuberancia en todos los aspectos relacionados a ella.

También es de una gran ayuda iluminadora en los meses de diciembre y abril, ya que aumenta la capacidad de expansión y le da mayor fuerza al impulso.

Día

El domingo es el día de la vela amarilla sobre todo si se trata de trabajos mágicos relacionados con las aspiraciones espi-rituales.

También incide favorablemente si es encendida los martes y los jueves, ya que en estos días influye más sobre las cuestiones materiales relacionados con las velas roja y granate.

De cualquier manera y para cualquier fin positivo materialista o espiritual, el mejor día de la vela amarilla sigue siendo el domingo, a menos que el operador dedique este día a otros ritos religiosos.

Finalmente, la vela amarilla puede ser encendida cualquier día para potenciar la luminosidad del resto de las velas y dar un poco más de poder a los trabajos mágicos que con ellas se realicen.

Hora

Cualquier hora puede considerarse como buena para encender una vela amarilla, pero la más indicada es la que va de las 2 a las 4 de la tarde, sobre todo en los países del hemisferio norte.

Para el resto de las latitudes la hora óptima de encendido de la vela amarilla es el mediodía solar, es decir, cuando el sol cae verticalmente sobre la tierra.

La vela verde oscuro

Esta vela tiene un hálito virginal y curativo. Sus ciclos están relacionados tanto con el talento como con el intelecto, con la virtud y el empeño, con el detalle y la diversidad.

El empleo, el servicio a los demás (remunerado o no), los segundos planos que nos permiten llegar caminando y en silencio a los primeros planos, y el in(genio que nos ayuda a encontrar una aguja en un pajar, son factores que potencian especialmente la luz cíclica de la vela verde oscuro.

Por todo ello, la vela verde oscuro será más eficiente si la encendemos durante los siguientes ciclos.

Año

1908	1920	1932	1944
1956	1968	1980	1992
2004	2016	2028	2040

Estación

Con la vela verde oscuro se abre la última etapa del verano y descienden las horas luminosas del día, de manera que esta vela se relaciona con los ciclos de la madurez y la consecución de las cosas. Su influencia nos habla de una etapa que termina pero también nos lleva a otra que comienza, por eso también se le relaciona con la preparación y el servicio, aspectos necesarios para conseguir por la vía del empeño propio lo que nos proponemos.

Muchos son los trabajos y empleos que se fraguan durante la última etapa del verano, y la vela verde oscuro nos ayuda en la consecución de los mismos.

Además, la vela verde oscuro tiene que ver con los ciclos de curación, recuperación y alimentación, demarcando las épocas de las cosechas y la recolección de los frutos.

Encender una vela durante esta temporada reforzará el logro de nuestros éxitos y trabajos.

Sexo

La vela verde oscuro es fálicamente femenina, y cuando es encendida por la mano de una mujer virgen adquiere su mayor potencia.

De cualquier manera, y haciendo honor a su calidad de vela intermediaria, la vela verde oscuro puede ser encendida tanto por hombres como por mujeres, manifestando un mayor poder dependiendo del nivel de fidelidad y castidad que estos posean.

Mes

El mes de septiembre es el mes básico de la vela verde oscuro, y durante este período muestra una mayor capacidad y eficiencia.

Sin embargo, la vela verde oscuro resulta muy servicial encendida para menesteres de trabajo y empleo durante los meses de enero y mayo.

Durante el mes de junio, y acompañada por la vela verde, la vela verde oscuro amplifica su potencia y apoya en todos los aspectos a la vela verde.

Día

El miércoles es el día idóneo para encender la vela verde oscuro, pero no pierde su potencia si es encendida junto a la vela anaranjada, los sábados, especialmente en trabajos mágicos relacionados con la salud.

Los viernes, acompañada de la vela azul o de la vela azul intenso, ayuda a concretar y a madurar las situaciones.

Hora

La hora ideal para encender la vela verde oscuro es la que transcurre entre las 4 y las 6 de la tarde. Incluso los miércoles, día en que puede ser encendida en cualquier momento, su mejor hora de encendido sigue siendo entre las 4 y las 6 de la tarde.

Durante el invierno, es recomendable encender la vela verde oscuro antes de que caiga el sol, es decir, mientras todavía haya luz, ya que funciona mejor acompañada de la influencia directa de los rayos solares.

La vela azul intenso

Los ciclos de la vela azul intenso se dirigen hacia aspectos conceptuales e interiores, ya que la luz del día se va reduciendo a su alrededor.

De esta manera, los ciclos del equilibrio, el amor, el arte, la vanidad y los placeres de la vida son los que le corresponden, y hacen que la vela azul intenso sea más efectiva si la encendemos durante los siguientes períodos.

Año

1909	1921	1933	1945
1957	1969	1981	1993
2005	2017	2029	2041

Estación

Con la vela azul intenso se inicia el otoño, la estación de los vientos y de la caída de las hojas, un ciclo de clara preparación para la transformación interna y externa.

En el hemisferio norte nos protege contra el frío que viene, y en el hemisferio sur alienta la maduración de las semillas.

Encender una vela azul intenso justo cuando comienza el otoño, en pleno equinoccio, nos permitirá iluminar el camino para que nuestros ojos materiales y espirituales se acostumbren a la nueva iluminación del sendero.

Sexo

La vela azul intenso no tiene sexo, es decir, no se manifiesta en la diversificación de los géneros masculino y femenino, lo que permite que tanto hombres como mujeres sean adecuados para encenderla.

Su ciclo sexual es el del equilibrio, por lo que aumentará su poder si es encendida por una persona casada felizmente, es decir, que esté equilibrada sexualmente dentro del amor satisfecho y conyugal, ya que esto le ayuda a no dispersarse.

Mes

El mes de octubre es el que corresponde principalmente a la vela azul intenso, mes de la preparación física, mental y espiritual para los cambios radicales que nos esperan a lo largo de la vida.

También manifiesta su influencia lumínica durante lo meses de febrero y junio, ampliando el talento, equilibrando los sentidos y dándole un mayor sentido de compromiso y estabilidad a cosas, situaciones y seres.

Y, encendida durante el mes de mayo en compañía de la vela azul, esta vela impulsa con gran fuerza la definición emocional y la estabilidad de las parejas, ya que promueve el amor por derroteros más sanos y duraderos que el simple placer del sexo.

Día

El viernes es el día específico de la vela azul intenso, y prácticamente, el único día en que su funcionamiento adquiere relevancia y protagonismo propios.

Durante este día puede ser encendida a cualquier hora, sola o en compañía de la vela azul.

Su ingerencia es menor el resto de la semana, aunque encuentra buena correspondencia con la vela granate los jueves.

Hora

La mejor hora de la vela azul intenso es la que transcurre entre las 6 y las 8 de la tarde, especialmente los viernes.

Es recomendable, durante los meses de verano, que la vela azul intenso sea encendida a la caída del sol, ya que esta vela funciona mejor en la penumbra o al amparo de las primeras sombras de la noche. Los aspectos conceptuales e interiores del ser humano se desarrollan de forma íntima, donde los rayos del sol llegan tímida e indirectamente.

La vela marrón

La vela granate también pertenece a los ciclos donde la presencia de la luz diurna es escasa o indirecta, es decir, que también influye y se relaciona con los aspectos interiores del ser humano.

Los ciclos del sexo, de lo oculto, de lo misterioso, de lo incomprensible y de la muerte son los que se relacionan con esta vela tan poco común.

Los inciensos, los perfumes y las esencias, es decir, los ciclos de lo etéreo que se contienen hasta en las más gruesas formas, también se relacionan con esta vela, por lo que nos favorecerá si la encendemos durante las siguientes etapas.

Año

1910	1922	1934	1946
1958	1970	1982	1994
2006	2018	2030	2042

Estación

La parte media del otoño es la que más se relaciona con la vela marrón, una etapa relacionada desde tiempos inmemoriales con la muerte y las celebraciones funerarias.

Al llegar el otoño el frío empieza a manifestarse con crudeza en el norte, mientras el calor comienza a descender sobre el hemisferio sur, así que las transformaciones y los cambios radicales pueden manifestarse en cualquier momento.

Encender una vela marrón durante esta época nos ayudará a mantener la guardia en alto contra dichos cambios, porque la vela MARRÓN es toda una representación de lucha y desafío contra los imponderables y los elementos.

Sexo

El sexo de la vela marrón es eminentemente femenino, a pesar de sus aparentes valores masculinos. No hay que olvidar que el aspecto conflictivo y femenino del hombre le hace entrar en contradicción consigo mismo y con sus capacidades como hombre.

La tenacidad y la lucha se enfrentan interiormente con la irreflexión y la violencia, y para que no reine el caos es necesario que la capacidad femenina de la recepción se imponga a la irracionalidad masculina de la penetración. De esta manera la preservación triunfa sobre la destrucción y aleja el fantasma, de la autodestrucción que el hombre lleva dentro.

En suma, que la vela marrón manifestará mejor sus cualidades positivas si es encendida por una mujer.

Mes

Noviembre es el mes de la vela marrón, porque en este mes se realizan los cultos a los muertos.

Durante este mes se desarrollan los conflictos y los cambios radicales, se incrementan los secretos y las zonas oscuras, y se hace más necesaria que nunca la presencia de una luz que surja de las tinieblas, que es precisamente lo que hacemos ritual, y simbólicamente al encender una vela marrón.

Su luz da fortaleza a los aspectos de la vela rosada durante marzo, rompe la inercia y los encierros durante el mes de julio, y ayuda a solucionar todo tipo de problemas y a sortear toda suerte de peligros durante el mes de abril.

Día

El martes es el día por excelencia de la vela marrón, y fuera de este día sólo es capaz de expresarse con fuerza en su franja horaria.

Este día puede encenderse sola, o bien, puede acompañarse de la vela roja para recibir un mayor impulso y un mayor equilibrio entre ambos sexos.

Hora

Para encender la vela marrón el resto de los días del año, la mejor hora es la que transcurre entre las 8 y las 10 de la noche.

No hay que olvidar que es una vela nocturna, y en los meses de verano tendremos que esperar a que desaparezca hasta el último rayo de sol para encenderla.

La vela granate

La vela granate, otra vela nocturna, se relaciona principalmente con los ciclos religiosos, expansivos y filosóficos del ser humano.

Su fuerza lumínica es básicamente espiritual y capaz de prepararnos para afrontar los primeros estadios del más allá, pero ello no impide que se relacione física y materialmente con la fuerza de la razón, las leyes, las instituciones, los viajes y el desarrollo personal.

Debido a sus correspondencias, la vela granate es más potente si la encendemos durante los siguientes ciclos.

Año

1911	1923	1935	1947
1959	1971	1983	1995
2007	2019	2031	2043

Estación

La vela granate señala el final del otoño y abre el camino al principio del invierno.

A estas alturas del año el hombre ya se ha acostumbrado a las particularidades de la estación y en el norte ya está acostumbrado al frío, mientras que en el sur ya se ha acostumbrado al calor, por lo que puede realizar su vida con normalidad independientemente de lo que sucede alrededor.

Encender una vela granate en esta época nos ayuda a tener una mayor y más tolerante visión del mundo, es decir, nos ayuda a tener una filosofía más positiva de la vida. De esta manera preparamos nuestro espíritu para lanzarlo a las alturas.

Sexo

El sexo de la vela granate es básicamente masculino, pero eso no impide que pueda ser encendida por cualquier persona espiritual, devocional o religiosa.

Encender una vela granate nos hace más religiosos y devocionales, pero también nos ayuda a evitar la atracción del fanatismo, independientemente de nuestro sexo.

Mes

Diciembre es el mes más propicio para encender la vela granate, ya que la cercanía del solsticio de invierno le da una potencia especial ayudándonos a expandir los deseos y ambiciones, ya sean del alma o de la materia.

También funciona con potencia durante los meses de abril y agosto, sobre todo en los aspectos de aspiración y crecimiento.

Durante el mes de marzo y acompañada de la vela rosada, la vela granate favorece con fuerza a las grandes empresas y ayuda a despertar los grandes talentos.

Día

La vela granate se manifiesta con mayor poder si es encendida el jueves, pero ello no evita que tenga bastante influencia los martes y los domingos, sobre todo si es acompañada de las velas roja y amarilla respectivamente.

El resto de la semana funciona básicamente en el aspecto religioso y devocional para dar gracias o para interceder por terceras personas en este plano, incidiendo muy poco en el aspecto material de las cosas.

Hora

Entre las 10 y las 12 de la noche la vela granate tiene una mayor proyección y una mayor potencia, sin embargo, y nuevamente en los aspectos devocionales, religiosos y espirituales, la vela granate puede ser encendida cualquier día y a cualquier hora.

La vela anaranjada

La vela anaranjada se relaciona con los ciclos del ascenso, la disciplina, la ambición encausada, la vejez, la profundidad de pensamiento, la clarividencia de los años y la fuerza de voluntad del hombre para llegar a las alturas por sus propios medios.

Es también, recordamos, la vela de los curanderos. Una vela con el poder curativo del sol, con el color que tiene el sol al amanecer y el atardecer, indicando el principio y el final de las cosas, la llegada a la cima, la caída y la vuelta a empezar.

Más que una vela de fuerza externa es una vela de poder y fuerza interna, por ello nos será de gran auxilio si la encendemos durante las siguientes épocas.

Año

1900	1912	1924	1936
1948	1960	1972	1984
1996	2008	2020	2032

Estación

La vela anaranjada está relacionada con el inicio, del invierno, la etapa de reposo, frugalidad y metamorfosis. Por tanto es recomendable encenderla en pleno solsticio de invierno para que nos procure tranquilidad, menos deseos y capacidad de cambio, en el ascenso.

Este acto ritual nos ayuda a evitar el deslumbramiento, la tentación y el vértigo del abismo, además de otorgarnos una longevidad fuerte, magra y lúcida.

Sexo

El ciclo femenino de la renunciación y el ciclo masculino de la paternidad están ligados a la vela anaranjada, así que pueden encenderla tanto hombres como mujeres.

La vela anaranjada, independientemente de estos ciclos, adquiere una mayor luminosidad cuando es encendida por personas relacionadas con la curación, sin importar el tipo de curación que sea, es decir, desde un médico general hasta una curandera, pasando por los enfermeros; desde un médico de almas, hasta un médico de huesos, pasando por los naturistas y los homeópatas.

Mes

El mes de enero es el más propicio para encender la vela anaranjada, ya que dentro de la frugalidad y el frío de esta temporada su luz brilla con mayor intensidad.

Los meses de mayo y septiembre también le son propicios, sobre todo en los aspectos de consolidación y madurez de los de agosto y noviembre destacando las cualidades positivas de las velas amarilla y marrón, porque la vela anaranjada es una herramienta capaz de apartar las sombras del egoísmo en el sendero de estas velas.

Día

El sábado, si no lo impiden las prácticas religiosas personales, es el mejor día para encender la vela anaranjada.

También funciona con fuerza los domingos, los viernes y los miércoles, pero sin llegar a sus cotas más altas de poder.

Por supuesto, la vela anaranjada puede acompañar a otras velas para aumentar la fuerza de voluntad que ejercemos para que nuestros deseos y peticiones se conviertan en realidad.

Hora

De las 12 de la noche a las 2 de la mañana transcurre el tiempo idóneo para encender la vela anaranjada, justo en el centro de la noche, porque esta vela tiene una gran capacidad de romper las sombras que se encuentran a nuestro alrededor.

Su color solar también le permite ser bastante funcional

durante las horas centrales del día, al amanecer y el atardecer, sobre todo si va acompañada de las velas que dominan estas horas.

La vela gris

La vela gris está relacionada con los ciclos del pensamiento humano. Todos los cambios e inventos de nuestra mente, todas nuestras ideas e inspiraciones, incluso todo nuestro racionalismo, ese que niega las prácticas mágicas y los libros como el presente, están relacionados con la vela gris.

El humanitarismo de esta vela nos indica que será más útil si la encendemos durante las siguiente etapas.

Año

1901	1913	1925	1937
1949	1961	1973	1985
1997	2009	2021	2033

Estación

La parte central del invierno es la estación más propicia para encender una vela gris, cuando nuestra mente está más recogida y más capaz, por tanto, de meditar y crear.

Las revoluciones se fraguan en la mitad del invierno para dar sus frutos en la primavera, de la misma forma que los trabajos mágicos de la vela gris, se preparan dentro del frío para germinar con las primeras subidas de temperatura.

Encender una vela gris durante esta temporada nos ayudará a sembrar las ideas que hemos de dar a luz el día de mañana.

Sexo

La vela gris es eminentemente masculina, aunque recoge todas las virtudes de la humanidad en general.

Por contradictorio y excéntrico que parezca, la vela gris tendrá más poder si es encendida por un hombre de ciencia o por un hombre escéptico y racional, que si es encendida por un creyente.

De la misma manera, la vela gris protege más a los que alimentan su mente que a los que esperan milagros dentro de la ignorancia.

La vela gris favorece el conocimiento, el estudio y la sabiduría, no la creencia ni la superstición.

Mes

El mes de febrero es óptimo para encender una vela gris que alumbre nuestro pensamiento, incluso el pensamiento crítico.

Los meses de junio y octubre también le son propicios, sobre todo si los trabajos se realizan con una mínima base de intelectualidad y conocimiento, acompañando a las velas verde y azul intenso en sus aspectos de comunicación y arte, de presentación y equilibrio.

Día

El sábado es el mejor día para encender una vela gris, y en segundo lugar los miércoles y los viernes. Durante estos días no tiene limitación horaria y sí una gran capacidad de influencia para resolver fórmulas y problemas durante los sueños.

También influye positivamente sobre todo tipo de estudios e investigaciones, desde las periodísticas hasta las científicas, pasando por las policiales.

Hora

Entre las 2 y las 4 de la mañana transcurre el mejor tiempo para encender la vela gris. Este es el único sacrificio que exige de la racionalidad y la voluntad del operador.

Esta hora nos señala que es la vela de los desvelos mentales, del pensamiento que se somete a la voluntad del ser y que nos impide conciliar el sueño.

La vela rosada

La vela rosada está relacionada básicamente con los ciclos del amor y el enamoramiento.

También lo está con los ciclos de la resignación, el sacrificio y la emocionalidad, y, en menor medida, con las grandes empresas económicas, artísticas y políticas.

Por ello es más práctico encender una vela rosada durante los siguientes períodos.

Año

1902	1914	1926	1938
1950	1962	1974	1986
1998	2010	2022	2034

Estación

El final del invierno y el comienzo de la primavera están bajo el influjo de la vela rosada, por lo que no resulta extraño que sea una época muy amorosa, conceptiva y matrimonial.

Pero también influye sobre el resto de las estaciones porque en todas ellas se da el enamoramiento y el amor. No hay que olvidar que el ser humano es el único animal que está permanentemente en celo.

Encender una vela rosada a finales del invierno nos ayuda a encontrar ese amor deseado, de la misma manera que nos ayuda en nuestras empresas personales.

Sexo

La vela rosada es principalmente femenina y está vinculada más con los ciclos femeninos que los masculinos. Por ello su poder aumentará si es encendida por una mujer enamorada.

También los hombres sensibles y enamorados pueden encenderla con garantías de éxito, pero no pueden esperar la misma fuerza que si es encendida por una mujer.

Mes

Todos los meses son propicios para el amor y las empresas, es decir, que todos los meses son propicios para encender una vela rosada.

Sin embargo, el mejor mes para hacerlo es marzo, el mes en que hace su aparición la primavera y desaparece el frío del invierno, dando lugar a la fuerza del amor.

Día

Todos los días son propicios para la vela rosada, aunque puede proyectar más amorosamente sus rayos los jueves y los viernes, sobre todo si se busca cierta continuidad y estabilidad en la relación que se desea.

Si lo que se busca es pasión, el mejor día será el martes. Y si lo que se desea es amor espiritual o familiar, lo mejor será encenderla los días domingo y lunes respectivamente.

Los miércoles, por supuesto, favorece los mensajes y los contactos hablados, oídos, escritos y leídos de la persona amada.

Estos días la vela rosada se puede encender sola, o acompañada de la vela correspondiente a cada día.

Hora

A diferencia de otras velas, la vela rosada debe encenderse casi exclusivamente entre las 4 y las 6 de la mañana, un poco antes de que salga el sol o cuando éste lance sus primeros rayos sobre el firmamento.

El amor exige ciertos sacrificios, y si se desea obtener los favores de la vela rosada, lo menos que podemos hacer es levantarnos con la madrugada.

Incluso cuando la encendemos con otros fines, como una gran empresa, o la solución a un problema de dependencia o de encierro, también es más que recomendable levantarnos antes de que salga el sol a encender una vela rosada.

Rezos y oraciones

Todo ritual mágico o religioso suele ir acompañado de una serie de fórmulas, invocaciones, rezos y oraciones. Cuando alguien enciende una vela con fines religiosos dentro de una iglesia suele decir algo mentalmente, incluso hay personas que rezan.

El simple hecho de pedir, de solicitar o de agradecer al santo o deidad a quien encendemos la vela para que interceda favorablemente por nosotros, se transforma en una oración, en un rezo. Una invocación no es más que una llamada, una forma de intentar el contacto con las fuerzas celestiales o espirituales a las que enviamos nuestras peticiones.

Llamar a un Santo o a una Virgen por su nombre, como si fuera alguien con quien hemos hablado normalmente toda la vida, es un acto de invocación directa.

La mayoría de la gente habla internamente con toda la corte celestial de una forma directa. Cuando en la noche nos encontramos sin sueño por un problema que se nos avecina, o por una cuestión delicada que no hemos podido resolver, más que rezar nos ponemos a charlar con Dios directamente. Los rezos y las oraciones no son más que formalidades institucionales, fórmulas mágicas establecidas y repetidas por millones de personas que nosotros utilizamos de preámbulo para dirigirnos a Dios o a la corte celestial, pero después del rezo oficial hablarnos con Dios interiormente, con el pensamiento, de la misma forma que podríamos hablarle a un familiar o a un amigo.

Si las cosas nos salen bien días después de nuestros rezos, pensamos que Dios nos ha escuchado, pero si no salen como las deseábamos, nos apresuramos a decir que Dios es malo y que no nos ha escuchado.

Dios, como santo de milagrería, no suele ser uno de los más invocados, a veces por respeto, a veces por temor, pero la mayoría de las veces porque la práctica nos ha convencido de que hay santos y vírgenes mucho más efectivos.

De la misma manera, muchas veces nos saltamos el proto-colo y nos dirigimos a los santos de nuestra devoción directamente, y, ahorrándonos los rezos y las oraciones oficiales, pedimos, agradecemos o simplemente charlamos con dichos santos, porque la práctica nos ha enseñado que un pedido directo suele ser más efectivo que los rezos y las oraciones tradicionales.

¿Para qué sirven las oraciones y los rezos?

Esta pregunta viene de inmediato a nuestras mentes: ¿para qué sirven los rezos y las oraciones tradicionales si podemos pedir lo que deseamos directamente?

Básicamente sirven para redondear el ritual, para darle más fuerza a nuestras peticiones, para recaptar la fuerza de todos los que rezan la misma oración y, en suma, para abrir las puertas del más allá de nuestra realidad.

Una oración funciona como una llave, como un símbolo de comunicación, como un punto de contacto. Una oración sirve para ponemos en situación, para centrar nuestra fe y ayudamos a entrar en el terreno mágico y religioso más protegidos, más dirigidos, más orientados.

Las personas que tienen un pensamiento mágico religioso a flor de piel no necesitan de rezos y oraciones, sin embargo suelen ser los más devotos quienes más rezos y oraciones utilizan, entre otras cosas, porque los rezos y las oraciones son como un baño de seguridad, como un manto de identificación que les protege.

Muchos de los magos que recurren a esperpénticas parafernalias en sus rituales cuando otras personas los miran, dejan de lado todo preámbulo cuando se encuentran a solas y hacen sus trabajos mágicos o brujeriles directamente. Ellos saben que la parafernalia del ritual sirve más para impresionar al cliente que para los efectos mágicos.

Lo mismo pasa con las oraciones y los rezos, ya que forman parte del ritual que impresiona a la clientela, pero que no es imprescindible cuando se realiza un trabajo mágico.

Por supuesto no todas las personas piensan igual ni actúan de la misma manera. Hay magos, brujos y gente normal que necesitan de las oraciones para darle un sentido religioso a sus trabajos, para sentirse más fuertes, más incentivados o más sensibilizados. Si usted es una persona que requiere de la fuerza de las oraciones y los rezos para tener más fe a sus peticiones o a sus trabajos mágicos, debe pronunciar alguna antes de encender una vela.

Incluso se pueden decir varias oraciones siguiendo un proceso ritual, por ejemplo:

- Una oración de protección antes de empezar el rito.
- Una oración de invocación al encender la vela.
- Una oración de petición justo después de encender la vela.
- Una oración de agradecimiento al apagar la vela.
- Una oración de despedida al concluir el trabajo.

¿A quién rezar?

Dios no es milagrero, pero nadie mejor que Él para solicitar protección antes de comenzar un ritual mágico. Es decir, que en primer lugar se le debe rezar a Dios.

En segundo lugar es recomendable rezar llamando (o invocando) al Santo, Ángel o Arcángel que rige ese día o que consideramos como el patrón de nuestra parroquia, pueblo o devoción.

En tercer lugar se debe rezar formulando el deseo, encomendándonos a la gracia de Dios, de la Virgen o de cualquier otro símbolo espiritual de nuestra devoción.

En cuarto lugar, debemos rezarle a nuestro intercesor agradeciéndole de antemano la ayuda que suponemos ha de prestarnos.

Y finalmente, y en quinto lugar, debemos rezar para despedir a todas las fuerzas que hayamos invocado.

Los nombres de Dios son muchos, lo mismo que de la Virgen o de los diferentes Santos, Ángeles y Arcángeles a los que solicitamos ayuda. Todo depende del culto que profesemos o del libro de magia en que nos apoyemos.

Pero los nombres son lo de menos porque lo que realmente importa es que pedimos ayuda a los seres espirituales dándoles una jerarquía sucesiva.

Primero a los que han de protegernos y en segundo lugar a los que han de ayudarnos, para finalizar dando las gracias y devolviéndolos simbólicamente al lugar al que pertenecen.

Para las religiones oficiales este tipo de rezos no pueden ser otra cosa que actos de blasfemia, pero para el operador son una especie de garantía verbal para el éxito de sus peticiones.

Uno de estos rezos, que contempla el funcionamiento ritual de las oraciones en el encendido de las velas, es el siguiente:

Oración de protección antes de empezar el rito.

Padre Celestial,
en el nombre de Tu Hijo,
Nuestro Señor Jesucristo,
solicito tu protección
en esta operación.

Oración de invocación al encender la vela.

Regente de este día (santo o ángel),
Señor de esta hora,
te invoco en nombre de Dios
para que vengas
y me asistas ahora.

Oración de petición justo después de encender la vela.

Señor/a (santo, virgen o ángel),
en mi imperfección te pido
que me ayudes a cumplir:
(decir lo que se desea),
por la gracia de Dios
y en gloria de su Nombre.

Oración de agradecimiento al apagar la vela.

Padre Celestial,
en el nombre de Tu Hijo,
nuestro Señor Jesucristo,
te agradezco infinitamente
tu protección y ayuda, Señor.

Oración, de despedida al concluir el trabajo.

Fuerzas que me habéis asistido,
no os molesto más,
volved en paz a la Corte Celestial,
volved al lado de Dios.
Amén.

Conclusión

El ritual de la velas ofrece un abanico de posibilidades práctico y asequible en el campo de la magia. Los hombres de todos los tiempos y de todos los cultos lo han llevado a cabo desde que se descubrió el fuego.

El dominio que tenemos del fuego nos permite utilizarlo en diversos sentidos, desde la cocina hasta la iluminación, desde las ceremonias hasta los festejos, desde la creación de energía física hasta la iluminación espiritual, todo ello pasando por el ejercicio de voluntad y proyección mental que nos ofrece la magia.

No hay ángeles ni demonios que sean capaces de sustraerse al poder del fuego, porque fue precisamente el dominio del fuego lo que empezó a darnos la calidad de dioses en potencia a los seres humanos.

Darnos por terminado este libro que puede parecer distinto y en algunos casos contradictorio con otros libros más pomposos, pero en el fondo menos rigurosos que éste. Las contradicciones se deben, en el mejor de los casos, a las diferencias de simbología básica que cada "mago" le da a los elementos que maneja.

Este libro, a diferencia de muchos otros, se basa en la práctica y ejecución de los rituales, no en la documentación de una serie de libros más o menos modernos, o más o menos antiguos, que tampoco garantizan haber puesto en práctica sus enseñanzas.

De cualquier manera, tampoco puedo ser determinista en este juicio, ya que las simbologías, los rituales y los colores de las velas no significan absolutamente nada si el operador no cree en ellos. La magia misma tampoco sirve de nada si el operador no cree en ella. En este caso el operador es usted, y a usted le corresponde dar veracidad a este libro o denostarlo.

Haga lo que haga, el lector logrará encender una luz dentro de su ser, porque todo acto de voluntad o de experiencia son llama suficiente como para prender la luz interior que todos llevamos dentro, y, al fin y al cabo, es el objetivo ulterior de este libro.

ÍNDICE